U0611412

极致产品

周鸿祎◎著

国民简明爆品实践指南

中信出版集团·北京

图书在版编目（CIP）数据

极致产品 / 周鸿祎著 . -- 北京：中信出版社，
2018.6（2018.7 重印）

ISBN 978-7-5086-8288-4

I. ①极… II. ①周… III. ①产品开发 – 企业管理
IV. ① F273.2

中国版本图书馆 CIP 数据核字（2017）第 259495 号

极致产品

著　　者：周鸿祎
出版发行：中信出版集团股份有限公司
　　　　　（北京市朝阳区惠新东街甲 4 号富盛大厦 2 座　邮编　100029）
承 印 者：北京画中画印刷有限公司

开　　本：880mm×1230mm　1/32　　印　　张：9.25　　字　　数：120 千字
版　　次：2018 年 6 月第 1 版　　　　印　　次：2018 年 7 月第 3 次印刷
广告经营许可证：京朝工商广字第 8087 号
书　　号：ISBN 978-7-5086-8288-4
定　　价：58.00 元

目 录

第1章　**极致产品的三个关键词**　/　001

如果你打算在产品经理这条路上走下去，打算研发出一款脍炙人口的产品，务必关注三个关键性要素：刚需、痛点和高频。换言之，你的产品需要符合人性最根本的需求，能抓住用户痛点，并拥有较高频次的使用场景。

第 4 章　**我的智能硬件产品观**　/　091

　　和软件相比，硬件的探索之路显然更加坎坷，智能硬件更是难上加难。智能硬件虽然与互联网和人工智能有诸多结合，但市场上的很多智能硬件产品都过于强调互联网化服务，而背离了智能硬件的本质。关于智能硬件产品，我颇有些心得想要与你分享。

第 5 章　**产品经理成长之路**　/　123

　　用户需求和用户体验是一个合格的产品经理必须关注的两大关键点，然而这只是第一步。只有厚积才能薄发，产品经理确实没有什么捷径可以走，你能做的，只有竭尽所能、精益求精。

在创业黑马极致产品实验室里，周鸿祎亲自教导学员如何打磨、完善产品，并对学员的产品进行诊断，给出改进建议。同时，周鸿祎还与学员就创业的实战问题进行过多次深入交流。他精辟的点评和独到的观点令大家受益匪浅，也对创业者颇有借鉴意义。

产品打造第一教材
——"国民简明爆品实践指南"诞生记

创业黑马创始人、董事长　牛文文

从 2010 年 10 月黑马营第一期开始，老周就一直在给黑马上课，每年的黑马大赛总决赛，老周都是评委团的主席评委。他是给黑马贡献时间最多的人之一。这些年，老周在黑马讲了许多课、说了很多话，深刻地影响了黑马创业者，而黑马也成了老周的"主场"。和黑马在一起，老周讲话放得开、讲得痛快，黑马们听了更痛快。

老周有赤子之心。在 2011 年黑马大赛总决赛上，一名选手挑战他，认为 360 以巨头的姿态给他们造成了巨大的压力。这位创业者非常有勇气，而老周的反应也非常真实，这件事当时引爆全场。据我所知，事后老周完全没有刁难这位创业者，也没有在网络上删除这段视频。老周的"发飙"，让我们看到了一个真实的周鸿祎。他的斗士形象并不是故意摆出来做样子的，他就是这样一个人，无论面前是一个巨头还是无名的创业者。他不会以导师的身份居高临下，更不会以所谓的"大度"轻视创业者。

老周有眼力。2012 年的黑马大赛总决赛，老周在最后一刻，力排众议，说服评委团的其他评委，不同意把冠军给一个成熟的、四平八稳的项目，而是把票投给一个来自清华的智能硬件创业项目团队。老周认为虽然这个项目还不够完美，但是有创新，创业者一定要敢于做别人想都不敢想、做都不敢做的事。这个项目叫 FACE++。

老周的真实、坦率、直接，让人尊敬。不管外界对周鸿祎有多少不同的认知，我们都可以说，他在黑马里磊落坦荡，真实而不虚伪，受到大家喜爱。黑马有句口号叫"不装、不端，有点'二'"，这个说法儿其实最早也是来自老周。他总以一个满血挑战者的姿态站在互联网江湖，真实又硬朗，敢于自我解剖，也敢于说真话。

老周对创业黑马的实质看得深刻。2014 年 12 月 22 日，他在黑马学院建院典礼上说，黑马学院是中国最大的创业加速器。我们这几年的发展印证了这一点，我们不是在培养学员，而是在发现并赋能优秀创业者，给他们提供更大的舞台。

老周是第一批在黑马里开设自己的创业实验室的人之一。创业实验室就是老周所说的"加速器"产品，一代企业家、投资人与学员精准匹配，教学相长，共同进步。这不是传统的课堂，而是学员与导师思想碰撞、深度交流的园地。学员们的项目在创业实验室里经过导师与同学的反复考核，有的被否定，有的重新确定了方向，有的顺利拿到了投资。与一个有丰富经验并且愿意倾囊相授的成名企业家朝夕相处一段时间，收获是可以想见的。我们的"加速器"，就是让还没有翅膀但有潜力的创业者长出翅膀，让有了翅膀的飞得更高。

2016 年 7 月，老周的"极致产品实验室"第一次公开招徒。在老周的创业实验室里，他不讲大道理，也不对创业者讲概念，基本上就讲了一个东西——用户痛点。老周不断地问徒弟，项目的需求是什么？准确吗？是不是真需求？每次上课，他的徒弟总是不断地面临他的"拷问"。好的导师是提问者，而不是布道者。老周对学员的每一个产品都按他的这套方法——拆解：如何抓住用户的真需求，如何深入用户需求做产品。学员们在老周的创业实验室里受刺激，有收获。

创业实验室是我们探索出来的为创业者服务的一个产品，现在看起来，它的形式是受创业者欢迎的，它的作用是大的，说它是"加速器"并不虚夸。这个产品越来越成熟，加入我们共建黑马创业实验室的企业家、投资人也越来越多，更大范围地惠及创业者。

在此，我代表黑马社群的所有兄弟们感谢周鸿祎，同时也感谢创业实验室的其他导师的付出。我们作为创业服务机构，希望把那些已经成功的企业家聚集起来，为他们开设个人创业实验室，像硅谷的 500startups 和 YC 一样，把他们的经验开放给大家，帮助创业者在某个阶段突破某个具体的瓶颈和难题，让创业黑马这个"加速器"服务更广、效率更高，帮助未来，链接未来。

我的产品经理之路

2016 年，创业黑马的牛文文让我和他们的学员多交流交流，我觉得和创业者交流是非常好的事情，年轻创业者有活力、有想法，他们能不能从我身上学到什么我不太确定，但是我确实能从他们身上学到很多东西。

之后，创业黑马就为我办了一个创业实验室，邀请了 15 位创业者，我们一起做了几次交流。本书的很多内容，是我和创业实验室的成果，也有一些是我分享的内容。

这本书的名字虽然叫《极致产品》，但并不是具体教你怎么使用产品经理工具的，所以也很适合创业者看。而且我觉得，优秀的创业者，大多数都是优秀的产品经理。

虽然我说自己是产品经理，但是我并没有刻意把自己训练成为一个产品经理。以前我有个不是很恰当的观点，觉得人人都可以成为产品经理，因为每个人都是有需求、有欲望的。当你发现一个需求之后，去实现它，这是产品经理要做的事情。

我是放养长大的，我们生于 70 年代的这代人，小时候物质生活比较匮乏，没有手机、电脑，玩的玩具很多都是自己做出来的。比如我们院子里的小伙伴，就自己做过露天电影院，这个我在我的自传《颠覆者：周鸿祎自传》里面有写。

> 露天电影院是如何被小孩复制出来的呢？其实就是用毛笔和墨水在玻璃片上涂抹上各种图案，然后再用手电筒进行照射，把光投射到大屏幕上。现在看，这其实就是一个简易的幻灯片。小伙伴们用这些幻灯片编成故事，有人拿着手电筒，有人负责换玻璃，有人负责在旁边照看着，有人在旁边讲故事。

我小时候也利用木头线轴、橡皮筋等物品做过自动小汽车，还用钢丝做弹弓枪。相信很多人的童年都有这样的经历，所以每个人都有成为产品经理的潜质。但是，为什么我觉得"人人都可以是产品经理"的观点又有局限性呢？

通常情况下，我们自己的需求是很容易被发现的，但优秀的产品经理应该能够站在用户的角度思考：我们发现的需求，是真需求还是伪需求？这一点我在书里写得比较详细了，刚需、痛点以及高频，是做出好产品的关键词。

发现产品的这些特性是产品经理的优秀能力，这种能力是在工作和生活中日积月累形成的。产品经理往往容易自以为是，觉得自己的东西就是完美的，自己想的就是对的。但是，一个合格的产品经理，不仅要站在产品经济的角度思考问题，也要站在用户的角度去思考。

除了功能需求，很多时候，还要站在用户的角度思考，比如用户体验、用户的使用方式和方法。我在大学期间有过创业经历，第一次创业我做了一款硬件产品，用来清除计算机病毒的电脑外接卡设备，我给它起了个名字叫"Master 防病毒卡"。

当时这个产品需求是有的，虽然中间遭遇各种曲折，但最终我们还是把这个产品做出来了，并且在一个国家级的比赛中获了奖。一切看起来都十分美好，似乎已经能够看到产品推向市场后获得巨大成功的场景。

当时我们从学校周边的企业开始销售"Master 防病毒卡"，仅仅卖出去几十份之后，我们就遭遇到毁灭性的打击，我们发现防病毒卡在用户电脑上的表现与我们测试时的表现几乎可以说是有着天壤之别。用户买回去插在他们的电脑上之后，不仅有软件冲突，还会出现一些硬件问题，甚至导致一些用户的电脑无法开机。

这对当时一心想做个"产品疯子"的我可以说是天大的打击，之所以会出现这样的情况，是因为我们最初的测试是在学校的机房，机器配置几乎没区别，然而我们没有考虑到用户使用的设备配置千差万别，用户的使用场景远比我们实验室里的复杂得多，因此一定要从用户的角度去思考问题。

现在做产品，虽然不太容易出现我当时的那种彻底崩塌的情况，但依然有很多不考虑用户使用习惯的问题。很多产品经理相当固执，只相信自己的直觉，这是产品经理的大敌。反病毒卡失败之后，我原本是有机会转向做软件反病毒的，但由于自己的固执，最终错过了。

紧接着，我又犯了产品经理或者说创业者容易犯的另一个错误：不够专注。我选择了切入另一个行业，做了一款平面广告创意系统。实际上，这并不是百分之百的原创产品，而是一个把国外软件汉化后与硬件捆绑在一起的综合性产品。

可以说，当时这个平面广告创意系统与市场上其他竞品相比，基本上没有什么创新。因此，这个项目不仅很快被其他人抄走形成竞争，在后来面对强大竞争对手的挤压时，几乎也没有反手之力。

作为一个产品经理，我的成长就是不断地踩坑、爬出来又跌进去的过程。回首做过的产品，最让我骄傲的，可能就是童年用钢丝做的可以发射纸团的手枪了。因为当时的那个小孩，做产品的心是纯粹的，希望为自己做一个各方面都非常极致的玩具。

重要的是，当时作为"产品经理"的我，不仅明白自己的需求，还拥有强大的"同理心"，发现了用户（也就是我）的真需求，并且能够保持好奇，不断折腾。

第 1 章

极致产品的三个关键词

如果你打算在产品经理这条路上走下去，打算研发出一款
脍炙人口的产品，务必关注三个关键性要素：刚需、痛点
和高频。换言之，你的产品需要符合人性最根本的需求，
能抓住用户痛点，并拥有较高频次的使用场景。

刚需：不符合人性的需求都是伪需求

在移动互联网时代，产品的可选择性实在太大，各类网站琳琅满目，App（应用程序）层出不穷，任何一个用户都会在网络上不断地进行切换和刷新。乱花渐欲迷人眼，用户到底凭什么选中你的产品，并为之买单？

谈到这个话题，我不得不提到人性。一个好的产品，往往能够反映人性中最本质的需求，换言之，不符合人性的需求都是伪需求。最本质的需求是人类原始的本能欲望，在《圣经》中，人类有七宗罪：淫欲（lust）、懒惰（sloth）、贪婪（greed）、饕餮（gluttony）、傲慢（pride）、暴怒（wrath）和妒忌（envy）。一款好的产品，需要对人性做透彻的分析，才能完成其设计。且让我们分而论之。

1. 淫欲

　　淫欲，又叫性欲，指的是人类对性的渴望，用心理学大师弗洛伊德的话说，"性是人的本能里的欲望，性本能冲动是人一切心理活动的内在动力"。其实我们在日常生活中遇到的很多互联网产品或产品的某项功能都是基于性欲，虽然没有明确表明，但或多或少从侧面利用了人性的这一特点。这里不做进一步的探讨，总之性欲居人性原始本能的首位当之无愧。

2. 懒惰

　　与性本能相反，懒惰是一切心理活动和行为活动的阻碍。懒惰表现为心理上的一种厌倦情绪，它使你的思想麻木，约束你的一切行为，你变得只想做简单的事或者不想做事，只想休息和享受。

　　从产品层面来说，懒惰是产品经理应当重点关注的人性弱点之一，互联网的存在就是让大家能更"懒"地完成事情，世界为"懒"人而创造，科技因"懒"人而进步。我们做的很多智能硬件，也都是为了能够满足用户在某一具体层面的懒惰需求。

在没有手机名片和微信之前，找名片曾是困扰很多人的噩梦。绝大多数人在收到对方递来的名片后，都会习惯性地随手一放，等到需要用的时候，再手忙脚乱地四处翻找。当然，也有些人会在每次收到名片之后，将其分门别类放好，便于事后寻找。有商家特意推出名片扫描仪，希望借此满足人们整理名片的需求，颇有"一机在手，名片我有"的风范。

然而，在了解人类的懒惰本性后你会发现，该仪器并不符合人性的需求。将收到的每张名片都扫描整理需要花费较长时间，其中很多名片日后的使用概率极低，有些压根儿就用不上，这才是大多数人愿意花时间找名片的根本原因。从这个角度来看，名片扫描仪仅是一个"伪需求"，虽然确实存在少量用户需求，但是它并不符合人性，所以应用的频率并不高。

基于人类懒惰的本性，很多产品都是帮助用户将生活变得更简单，比如 2017 年国内市场上非常火热的共享单车，解决了很多上班族用户从地铁站、公交站到公司的"最后一公里"问题。实际上就是大家比较懒，距离近的可能也就 1000 米，甚至 500 米，走走也是锻炼身体，但是大家非常愿意使用共享单车来解决。

很多产品体验也是从这一点出发的，让用户用最简单的操作完成需求的功能。比如 360 手机助手这类应用商店，还有以前互联网时代的很多下载网站，为什么能获得用户的认可？因为用户想用什么软件、App，直接去搜一下，然后点击下载安装就可以了。如果没有应用商店，用户只能去厂商的官网上下载，很多公司的官网网址用户也不见得记得住，想对比选择一下哪个软件好非常不方便。

帮用户解决麻烦，省去麻烦，就是利用用户的惰性。

人类是一种奇怪又矫情的生物，喜欢懒惰的舒适、安逸，但又受不了懒惰带来的无聊、烦躁。为排遣无聊，人类会尝试找好玩的事物消磨时间、发展自己的兴趣或者参加各种各样的社交活动。

基于排遣无聊的需求，各种游戏产品应运而生，从早年的红白机到后来的网络游戏，再到现在的手游、页游，游戏产品凭借其消磨时间、好玩、易获得快感、易沉迷的特性，赢得无数懒人的青睐，顺便也打开了他们的钱包。

3.贪婪

所谓贪婪，从字面上理解是渴望而不知满足，从中可以引申出产品经理用以吸引用户的两大关键词——贪小便宜和免费。

先来谈谈贪小便宜。

比如微信摇一摇红包，红包本是中国的一大习俗，微信团队从人类贪婪的本性出发，将这个小功能玩出了新意思、新高度。微信摇一摇红包的关键并不在于你抢到了多少钱，而是充分利用人类贪小便宜的本性，哪怕一分钱的红包（苍蝇再小也是肉）也让无数吃瓜群众冒着手臂脱臼的风险，捧着手机玩命摇。

麻省理工学院曾经专门做过一个实验，被实验者们一旦发现某样东西打折促销，就容易丧失理智和辨别能力，蜂拥而上，买一堆短时间内压根儿用不着的东西回家，其中作祟的就是贪小便宜的心理。

现在很多电商产品上都有一个签到功能，有什么用呢？我观察了一下，签到要么可以抽奖，要么送一些币或者积分，这些币或积分可以用来兑换代金券或者其他优惠项目。这类功能虽然不能解决用户的某种刚需，但是提升了用户活跃度，每天都要上去签一下，说不定签完了随便看几眼，就忍不住"剁手"下单了。

接下来谈谈免费。

关于免费，我在各种场合说得已经很多了，免费是将"贪小便宜"做得更极致。贪小便宜是让用户觉得你让他间接地赚到了；免费则是本来用户要花钱的，现在不用了，相当于用户直接就赚到了。

360公司早期的发展也确实依托于免费策略，前些年有很多人骂我是行业的破坏者，现在骂的人少了很多，在"免费大战"中活下来的，大多尝到了免费的甜头。羊毛出在猪身上，这是互联网行业颠扑不破的真理。

4. 饕餮

民以食为天，美味和食物总是对人有着强大的诱惑力，美味分享类、生活分享类网站，正是满足了人性饕餮的本性。

美团外卖、百度外卖和饿了么等外卖平台的兴起，正是看准了人性的两大弱点——懒惰与饕餮，并将二者巧妙结合。

5. 妒忌和傲慢

人类是一种以自我为中心的生物，自恋自爱，追求优越感，期望他人关注自己，如果自己拥有的比别人多，就不由得产生出优越感，觉得自己高人一等。但与此同时，人类还容易妒忌别人，当别人拥有的比自己多且好时，就希望自己做到更好，超过别人。

这两点被游戏产品和社交产品的产品经理们应用得淋漓尽致。在游戏中，他们利用各类头衔、勋章和荣誉值不断刺激用户打怪升级；当用户觉得循规蹈矩地打怪升级太费力时，产品经理们又利用人的惰性，提供一种最为直接的方式——充值买更好的装备。

社交社区产品中，几乎所有自我展示类产品或功能都可以利用妒忌和傲慢来理解。比如用户在各种社交应用上晒自拍、秀美食、分享购物和旅游等信息，无不是在炫耀和宣扬自己的优越感。另一些用户看了，有了妒忌心理，自然而然也会寻找机会去晒、去表现。

尤其是很多女性喜欢通过外貌表现自己，获得他人的赞赏，即使那不是真实的自己。正因为如此，美图秀秀等照片美化 App 大行其道，美图公司甚至借此上市，女性用户的力量可见一斑。

QQ 可算是最先利用人性的虚荣感需求获得盈利的社交产品——用户通过充值获得会员身份标识，等级升级加速，还有红钻、蓝钻、绿钻等会员服务和高级功能让会员用户优越于普通用户。

6. 暴怒

冲冠一怒为红颜，"狼人杀""三国杀"，一个"杀"字道尽人性中暴怒的阴暗面。这一点在游戏产品中十分常见。杀戮与游戏装备的热卖，以及热心练级的人群，都离不开暴怒的本质。网络游戏中的用户看似在尽情释放杀戮的欲望，实际玩的却是人性的弱点。

市场上每年都会出现无数的失败产品，原因何在？《产品经理方法论》[①] 一书的作者乔克·布苏蒂尔是科技界炙手可热的产品顾问，他认为，企业最愚蠢的行为，就是往一个根本不存

---

① 乔克·布苏蒂尔. 产品经理方法论 [M]. 张新，译. 北京：中信出版社，2016.

在的市场里砸钱。而在我看来，这些失败的产品背后，往往都有着一群失败的产品经理，他们看到的需求根本不符合人性，是彻头彻尾的伪需求。

商业的本质就是让人性得到释放，做产品同样如此。做产品，归根结底就是研究如何满足人性的最根本需求。这种"人性"有时是赤裸裸的，有时则经过掩饰和包装，隐藏在用户行为中。去发现这些本质，我一直觉得是一个出色的产品经理需要不断修炼的能力。在这一点上，我和马云相比存在一定差距。如果比懂技术、懂产品，可能马云不如我，但是他比我更懂领导力和人性，所以马云可以驾驭更大的事业。

痛点：在用户的强需求上全力突破

曾经有投资人在和我长谈后批评我说："周鸿祎你是大公司的老板，应该拥有世界格局，考虑行业未来几年内的发展情况，但这些你都没谈，却只谈你的产品怎么样。"事实上，他说的这个问题我近几年一直都在思考。

作为企业领导人，确实应该有战略高度，但战略离不开产品。

作为一个产品经理，我认为最重要的任务不是考虑未来市场会怎样，这只能留给时间来验证。相比于未来的大趋势，我习惯于将更多的精力用于思考我的产品，比如360的产品是否存在缺陷？如何才能弥补？在这个市场里是否还有未被发现的用户需求？

　　对于用户而言，相比你能否改变世界，他们更关心的是你的产品能否解决他们的痛点、改变他们的生活。在任何时候，如果不能为用户创造价值，用户必然不会选择你的产品。当然，我并不是在否认行业趋势的重要性，"方向不对，努力白费"的道理尽人皆知，但这不是产品经理现阶段应当重点关注的事情。

　　制造产品的目的，是解决用户的实际需求，但需求绝不仅仅只有一种。有些需求，对于用户来说可有可无，如果产品成本不是很高，用户会使用，但是没有它，用户的生活也不会受到明显影响，我将之称为"弱需求"；与之相反的则是"强需求"。比如，一个多日未进食的流浪汉，此时他最大的痛点是果腹，睡个安稳觉当然也是他的需求之一，但并不那么紧迫，实在不行在公园长椅上也能将就一夜。从流浪汉的角度来看，吃饭是强需求，睡个安稳觉则是弱需求。

　　现在人工智能很火，很多汽车厂商开始把人工智能系统加到汽车里面。人们使用汽车的刚需是让汽车把自己从 A 地移动到 B 地。因此，安全、准时地把用户送达目的地是汽车的核心功能，无论是普通汽车还是无人驾驶汽车。但是如果说加了人工智能，不是为了更好地帮助用户解决刚需问题，而只是给用户提供更好的音乐，或者加个大屏能在上面斗地主，是没有意义的。

反过来，如果能基于地图信息利用人工智能帮助用户规划出更好的路线，基于传感器帮助用户在危险时刻提前刹车、转向避开危险，相比在车上听音乐、玩游戏，显然安全、快速完成行驶才是刚需。

现在市场上的很多产品针对的都是弱需求，对销售额的拉动作用极其有限。当然，这并不意味着弱需求就出不了好产品，但前提是拥有强大的渠道。如果你的产品在渠道方面先天不足，最好的方法就是锁定用户的一个痛点，然后全力突破。

在强手云集的网络安全市场，360是典型的后起之秀，走到今天算是闯出了属于自己的一片天地。有些人说我们的成功属于误打误撞，运气的成分居多。我从不这么认为，不谦虚地说，360的成功绝非偶然。从用户痛点的角度分析，网络安全是标准的强需求，没有安全产品保护的电脑如果被入侵，就可能成为黑客口中的"肉鸡"，随时处于被"宰杀"的危险之中。众多流氓插件和弹窗广告也严重影响了人们的上网体验，360 抓住了用户的这一痛点，成功只是顺理成章、水到渠成的事情。

产品不追求多，一个足矣，但一定要能够抓住用户的痛点，针对的一定是用户的强需求，而不是那种不痛不痒、可有可无的弱需求。

有时候，如果产品能满足强需求、解决痛点问题，即使其他方面有些小缺点，用户也有可能被征服。用户对产品的特性要求次序通常是功能、便捷和价格。当在功能上解决了痛点问题，在便捷和价格上，用户是有让步空间的。

比如 20 世纪 90 年代时，移动电话是什么样的？跟砖头一样大小的"大哥大"，现在几乎难以想象那么重的一个移动电话，1 万多元，但很多人还是要买，因为它解决了移动打电话这个大家一直以来的痛点。以前只能在办公室、家里守住固定的座机打电话，但是有了"大哥大"之后，走在路上也可以打电话了，所以即使它很笨重、非常贵，用户也接受了。

移动通话的痛点解决之后，"大哥大"开始逐渐演变，为了便于携带，体积开始变小，有段时间小到只有手掌心那么大。

苹果公司推出的第一代 iPhone（苹果手机），屏幕是 3.5 英寸的，整机也就手掌那么大。但是现在包括 iPhone 在内的各种智能手机，屏幕都达到了 4.7 英寸甚至更大。为什么又变大了呢？因为移动通话已经不是痛点，便携性也不是痛点，痛点变成了用户和手机的交互，小屏幕显然不仅不能满足用户的需求，反而成了痛点。为了解决这个痛点，手机厂商和用户都开始舍弃一定的便携性。

产品经理首先要想明白自己的产品对于用户来说是"可以有"，还是"必须有"，该产品对准的是用户的强需求还是弱需求。如果是可有可无的弱需求，在未来的产品推广阶段会出现很多问题；如果是无可替代的强需求，也就是解决用户的痛点，成功的概率就会提升很多。痛点对于用户而言，好比"眼中钉、肉中刺"，如果我们能够为用户将"钉"和"刺"拔出来，就能够创造出极佳的用户体验。

小米手机之所以能够在短时间内取得成功，雷军超强的营销能力功不可没，但这只是锦上添花，最根本的因素在于小米手机针对的是用户的强需求，是真正的刚需。在那个时间节点，苹果、三星二分天下，国产智能手机处于明显的市场空白期。很多"小白用户"既拒绝山寨机又渴望获得更好的用机体验，但是苹果的价位让他们望而生畏。正所谓时势造英雄，在这样的市场环境下，小米手机应运而生，雷军改进了安卓系统的用户体验，并将售价调整为"小白用户"能够接受的价位，"高性价比"这个词一下子戳中了"小白用户"的心。

一款产品只有在用户最痛的点上突破，才能在最短的时间内获得用户的青睐。有了大量关注，才能从用户的反馈中了解产品的不足，不断地提升用户体验，最终取得成功。如果产品经理们脱离客户，只是一味地追求界面、颜色的改进，无异于缘木求鱼。所有离开用户需求的用户体验改进都是"要流氓"。

不要一开始就想着让用户对产品难以自拔，而是要让用户日久生情，你首先得让用户对你的产品一见钟情。BAT[①]如果举办产品发布会，哪怕产品有瑕疵，都会引来众多媒体的关注，但很可能你没有这样的机会。在面对第一批用户的时候，

---

① BAT 即百度、阿里巴巴和腾讯这三大互联网公司名称的首字母缩写。——编者注

你实际上只有说两三句话的机会，但正是这两三句话就能刺中用户的痛点，进而抓住他们的心。当越来越多的用户爱上你的产品后，你才有机会打磨产品细节，提升交互体验，将产品做得更有魅力。

高频：衡量产品的重要标准

想要设计出一款现象级产品，必须将落脚点置于刚需、痛点和高频这三个关键词上。我们已经深入讨论了刚需和痛点，现在让我们来看看产品经理的第三个关键词——高频。

高频意指产品的使用场景一定要在用户的生活中经常出现。仅靠刚需和痛点不足以支撑某个产品的开发，场景能为需求理论提供有效补充。场景是指用户为满足自身需求而使用产品的具体实例。产品可以非常不起眼，但是它一定要对用户有价值且应用频率较高。如果使用频度特别低，用户就很难形成印象和体验，从这个角度说，高频绝对是衡量产品好坏的重要标准。

2016 年，创业黑马为我开设了一个创业实验室——极致产品实验室，学员们来自五湖四海，都是各行各业的创业弄潮儿。西默科技的创始人黄基明是实验室的一期学员，西默科技主要的研发领域是智能家居，企业经营得不错，半年的营业额接近 5000 万元，可见市场对其产品的认可度还是比较高的。黄基明曾将西墨科技的智能锁产品带到课堂上，让我批评指正。批评肯定谈不上，但我能从产品的角度为他说道说道。

提到智能锁，我直观地想到了两个可能的产品思路——上门开锁和防盗传感器。让我们先以上门开锁为例，分析产品经理的这三个关键词。首先，上门开锁是否属于刚需？答案无疑是肯定的。每个人都有安全需求，回家是符合人性的真实需求。其次，进不了家门意味着不能吃饭、洗澡、追剧、休息等，对于每个人而言都是痛中之痛。刚需和痛点都有了，最后来看看高频。上门开锁这种事发生的频率太低了，低到可能一个用户一年都用不了一次。即使你能够提供远超同类竞争对手的用户体验，一年之后还能记得这种体验的用户恐怕也寥寥无几。没有高频互动自然谈不上粉丝粘连，无法有效凝聚用户，获得用户的成本便居高不下。显然，这是一种没有产品价值的商业模式，没有长久的生命力。

再比如防盗传感器，目前在国人家中的应用频度同样不高。很多人都为家里的窗户装了防护栏，这说明防盗对于大家而言是一种刚需。和防护栏不同的是，如果你在家里安装了一个防盗传感器，由于此类产品的打扰程度很高，便会带来很大的副作用。现代都市人大多生活在住宅小区里，成日里人来人往，传感器每天都会接收到很多干扰信息，甚至有可能每天半夜都会鸣笛报警。我相信，如果某位用户一晚上被防盗传感器吵醒三次，就会将其永久性关掉。要知道，家里进贼毕竟属于未知事件，虽然在中国每天都有类似的报道，但将这个数字除以 13 亿人口基数，你会发现平均每个家庭发生盗窃事件的比例特别低，属于小概率事件。而防盗传感器每天都会多次打扰用户，这是一个已知的大概率事件。为了一个未知的小概率盗窃事件，去承受已知的大概率打扰事件，相信大多数用户都不会愿意。

所有的产品战略都要归结为从用户角度出发，寻找到用户的痛点和刚需，并拥有高频的使用场景。你需要时常问自己："用户有购买动机吗？我能否在用户口渴难耐时，递给他半瓶救命水。"喝水是人类的最基本需求，属于典型的刚需，而在"用户口渴难耐"这个场景下，"立刻喝水"就成了用户的痛点。剩下的事情便是寻找高频化的场景，比如在沙漠里卖水等，不一而足。

　　我在和极致产品实验室的学员们进行交流时，发现很多学员的产品都存在这样的问题，比如西默科技的另一款产品——水静传感器。很多人家里都曾有过鱼缸里的水漫出来的经历，安装了水静传感器之后，能够有效避免类似情况发生。这种智能硬件肯定是有需求的，却不符合高频的条件，一个家庭里发生一起鱼缸漫水事件后，肯定会提高警惕，严防此类事情再度发生，很少有人家里的鱼缸一而再再而三地漫水。若真如此，重新换一个鱼缸才是大多数人的选择。

　　西默科技还推出过一款煤气传感器。平心而论，这个产品相当实用，在营销层面也相当有卖点，毕竟全中国每年冬天都会发生很多起煤气中毒事故。然而，绝大多数人并不会经常性地煤气中毒，很少有人会认为煤气传感器是日常生活的必需品，因为它的使用频率太低了，称不上刚需。

无论是水静传感器还是煤气传感器，在我看来虽有其闪光之处，但都算不上好的产品，原因在于这两个产品都不存在高频的使用场景。将希望寄托于用户为一个使用频率不高的产品付出较高的代价，无论是时间还是金钱，显然不符合人们正常的消费观。违背人性的需求，自然就是伪需求。黄基明对我的观点较为认可，回去后对西默科技的产品进行了大幅度调整，一些新品的思路颇得我心，360 也因此在 2017 年 9 月和西默科技达成了深度的合作意向。

在黑马极致产品实验室中，有另一个来自智能家居行业的学员，他设计了一款产品，并为我描绘了以下两个使用场景。

场景一：安防场景。当用户家中的锁被暴力开启、燃气发生泄漏以及漏水的时候，该产品都会关闭闸门并且向用户发出警报。

场景二：度假模式。当用户打算去远方度假，即将长时间离家时，也可以通过这款产品一键关掉家中的水电气阀门，确保家居安全。

　　实事求是地讲，我并不太看好这名学员的产品，因为她所描绘的两个使用场景都是非常低频的小概率事件。打个比方，当我们出差、旅游的时候，我相信绝大多数人会在出发前对家里的煤气、水电进行检查，而非通过智能产品一键关闭。所以，我认为该产品的需求非常少见，其应用频率并不高。智能家居市场之所以屡遭爆炒却没有真正起飞，我觉得原因在于还没有人在该领域挖掘出真实的用户痛点，以及用户真正会遇到的高频问题。

　　从产品经理的角度看微信，这无疑是个非常伟大的产品，张小龙也是我十分敬佩的产品经理人，他的很多观点我都深表赞同。鲜为人知的是，在微信的研发初期，张小龙曾多次尝试寻找突破点，结果无一例外都失败了。最后的突破方向可能会让你大跌眼镜——"摇一摇"。正是通过"摇一摇"，微信快速获得了第一批忠实用户，并逐步发展到今天这个规模。

　　如果我们从产品角度对微信的"摇一摇"功能加以剖析，会发现它同时具备刚需和高频两个关键要素。现代人的生活节奏很快，交友范围相当受限，而交友，尤其是异性交友，是不折不扣的刚需。在确定了这一点之后，让我们来看看"摇一摇"的使用场景。摇一次可能无法让你找到合适的聊天对象，多摇几次总会有所收获。用户便是在多次"摇一摇"后找到了其中的乐趣，并深深爱上微信这款产品。

当下的很多产品经理，言必称互联网思维，殊不知他们仅学到了皮毛。为了制造所谓的体验和惊喜，他们会请美女开着豪车专门为用户送去一只鸡，却忘记思考用户是否每天都有吃鸡的需求。显然，这不是一个高频率的事件。要知道，再好的体验，也永远没有产品本身重要。

在这里，我希望告诫看到本书的产品经理们：没有一款产品能够讨好所有人，切勿在产品设计阶段就试图做一个上到 80 岁老人下到 3 岁孩子无人不用的伟大产品。比如，iPhone 针对的用户群体就是有一定收入能力的人。同样，现在 360 的产品覆盖面看似很广，微信也人人在用，但在二者刚起步时针对的一定是用户的某个高频痛点，然后在这个点上进行突破。只有拥有了较大的用户基数，你才能不断增加功能、扩大定位，走到更多的用户群里。

第 2 章

"小白" 思考法

我们平时所说的"小白",就是我们的主力用户,这是互联网时代的商业模式。360 公司内部有一个口号叫"像白痴一样去思考,像专家一样去行动",万不可反过来,变成"像专家一样去思考,像白痴一样去行动"。

打破知识的诅咒

　　用户至上，是互联网思维和互联网模式的基础。那么，到底什么是用户？用户和客户之间区别何在？在我看来，用户需要满足以下三个特征：第一，用户不见得向你掏钱；第二，用户要经常性地用你的服务或产品；第三，用户要和企业之间有连接和交互。我们要重视用户关系，先为自己找到一批用户，这些用户愿意跟你保持长期联系，这是互联网企业发展的基础。此后，可以通过卖东西、增值服务、广告等方式赚钱。

　　微信产品负责人张小龙有一个观点，颇为业界同人称道，他称之为"小白"模式或"白痴"模式，即像"小白"一样思考如何做产品，这与我做产品的理念不谋而合。我曾在各种场合多次强调用户体验的重要性，即所有的体验都要从用户角度出发。这里说的用户，指的就是"小白用户"。

大家不要误会，在我看来，"小白"绝没有侮辱人的含义。世界上没有全知全能的人，"生而知之"的故事永远只是传说。在面对一个自己不熟悉的领域时，人们的普遍状态是一无所知，专家毕竟只是少数派，绝大多数人都是"小白"。行业专家最容易犯的一个错误，就是把自己的位置放得太高，过于看重个人的感受。他们对行业十分熟悉，以至形成了惯性思维，或者叫作"知识的诅咒"——当我们在某个领域浸淫日久，脑海中充斥着过多专业知识时，就会很容易被这些专业知识拖累，认为其他人都具备与自己一样的职业素养。

"知识的诅咒"放到产品层面，便是产品经理们总是喜欢按照自己的思维惯性，做出一些常人难以理解的产品。"阳春白雪"确实好听，但是"下里巴人"听不懂，正所谓"叫好不叫座"。公司的唯一目的是赢利，"下里巴人"都不买账，利润从何而来？吾之蜜糖，彼之砒霜，说的就是这个道理。

我在和极致产品实验室的学员们交流时，发现很多学员的潜意识里都存在"知识的诅咒"。这绝不是个案，而是中国的产品经理们存在的普遍性问题。

一个学员在与我探讨时，说起他们公司正在筹划的一个新产品，我认为这个产品的功能设置不算合理，很多功能处于隐藏状态，一般人难以发现，更别提产品体验。当我指出这个问题时，这个学员解释说，这些功能的入口其实很容易找到，他们团队为此还专门配备了一份详细的产品使用说明书，当用户掌握了这些基本的使用技巧后，就会发现这个产品的便利性远超同类产品。

产品确实是好产品，这位学员的观点也不无道理，但是他忽略了一个非常严重的问题——大多数用户在发现无法找到某产品正确的功能入口时，第一反应通常并不是研究看起来无比复杂的产品使用说明书，而是直接选择放弃。如果你不是市场上独一无二的产品，如果市场中存在太多竞品，且这些竞品拿来就能直接用、无须阅读说明书，那么，即使你的产品存在一些优势，用户放弃你也可能只是转念之间。

举一个通俗易懂的例子，中国现在的商品房市场中一大部分刚需是婚房。面对高涨的房价，为了满足未来丈母娘提出的嫁女条件，很多小伙子需要掏空父母几十年的积蓄并赌上未来二三十年的收入，一掷千金购买一套并不宽敞的婚房，从此走上房奴之路。这明显不是一种理性的选择，然而，你能要求小伙子们去说服教育未来的岳父岳母吗？

话糙理不糙，让我们回归产品的主题，绝大多数用户没有足够的耐心接受你的说服教育，你只能选择顺应"小白用户"的实际需求。没有耐心、容易抱怨是"小白用户"的一大特点。对于"小白用户"而言，找不到入口的产品就不是好产品！那位学员，以及很多产品经理之所以觉得产品使用起来很简单，是因为该产品是他们一手设计的，产品的每一个使用流程都已在他们的脑中根深蒂固，在使用产品时自然会感觉异常顺利。该产品就像他们自己的孩子，越看越优秀，越看越喜爱，但这是一个明显的误区。要知道，那位学员，以及很多产品经理都在行业内经历了长时间的摸爬滚打，具备了丰富的专业知识；用户则不然，他们只会用自己的眼光去评价产品：好用就推荐，难用则放弃，就是这么简单。用户第一次拿到你的产品，如果觉得纷繁复杂，绕来绕去，找不到想用的功能，产品体验非常差，自然就觉得产品不好。

在弄清"知识的诅咒"的概念后，产品经理们便会发现，并不是所有用户和自己都处于同一认知高度，很多他觉得简单易操作的功能设置，或许能赢得同行们的认同，但一般的"小白用户"却需要翻阅大量说明书才能学会使用。这无疑是一条存在于高端用户和真正的主流用户之间的巨大鸿沟，决定了你的产品是新的"现象级"产品，还是昙花一现，或者干脆默默无闻，没有任何市场反响。

现在有很多摄影类手机应用，主要的功能就是拍照美化。很多专业摄影师拍摄之后，通常使用 Photoshop 这类专业图像处理软件来对照片进行处理，涉及的专业知识可能非常多，比如色相、色阶、饱和度以及平衡等。如果你做一个摄影类应用，想让"小白用户"利用这些专业知识美化照片，肯定失败。所以很多应用是怎么做的？直接做出几十种滤镜，用户拍完照片，直接点击某个滤镜，自动美化呈现效果，只需要一步操作就完成在 Photoshop 类软件上几百上千步操作才能完成的事情。

跨越这条鸿沟的唯一方法，就是学会真正从用户角度考虑问题。在 360 公司内部有一个口号，也是我的座右铭，叫"像白痴一样去思考，像专家一样去行动"，千万不可反其道而行之，变成"像专家一样去思考，像白痴一样去行动"，其结果只能是死路一条。

对于很多产品经理而言，刚开始摆脱"知识的诅咒"时会感觉困难重重，我教大家一个培养"小白心态"的方法，就是先到自己不熟悉的领域去当"小白"，再将这一习惯带回自己熟悉的领域。或者，你去观察你的用户，看看真正的用户是怎么做的。

比如在电脑或手机清理类产品方面，你是专业的，你知道清理磁盘碎片，知道清理系统缓存，等等。但是很多"小白用户"不知道什么是磁盘碎片，他们就知道自己的电脑慢了、手机卡了。他们需要的是一个按钮，按了之后，出来一个列表，里面哪些东西可以直接清理、哪些东西是可删不可删的一目了然。

取舍源自用户

很多产品经理在发布产品前，常常有很多担心：用户对这个功能不满意怎么办，用户会不会认为这个产品太贵……事实上，这些担心并没有太多的实际意义。其实，得到答案的方法非常简单，就是将产品发布出去，让用户告诉你他们到底需要何种产品和功能。这一点，在我们研发的360儿童机器人上表现得极为明显。

起初，360的产品经理们并没有打算研发儿童机器人，只是推出了一款智能摄像头"小水滴"。通过它，我们能够满足用户一个非常实际的需求：即使不在家，也可以随时查看家里的情况；或者放到公司，用于监督员工是否存在迟到早退的情况。

事实上，我们当时做这款智能摄像头时，最主要的考虑是希望其能够承担起家庭防盗的重任，帮助用户抓住小偷。然而，在收集到越来越多的用户反馈之后，我们发现用户在通过智能摄像头看到家人时，往往希望直接与其进行交流，这是用户比较看重的需求点。

既然挖掘到了用户的真实需求，360的产品经理们专门研发了语音识别和语音交互这些偏智能方向的功能，在智能摄像头单纯的画面监督功能上做了升级，增加了对讲功能。升级版智能摄像头推出后，用户对新功能好评如潮。当然，我们并没有满足于此，对讲毕竟存在一定的延时，而用户更加渴望和家人的实时交流。于是，我们的产品经理又在对讲功能的基础上进行了升级，将之改为实时通话，让用户能够拥有更好的通话体验。

为了做智能而做智能是互联网智能产品的大忌，智能摄像头的根本目的还是更有效地抓捕小偷。智能摄像头在发现有人靠近后，需要智能地识别此人，确定是家人还是小偷，然后推送报警，这又是一个新的升级方向。

在为智能摄像头进一步升级的过程中，有一则"6 岁女童报警"的新闻让我们的产品经理们产生了新的创意。当地警察局在接到报警后，通过电话不断安抚女童情绪，并在第一时间派人赶到女童家里陪伴孩子。据女童的父母介绍，当天他们要出门，孩子说要自己待在家里看电视，所以他们就交代扫地阿姨过来帮忙照看一下，没想到孩子因为害怕拨打了 110。

每一个孩子的成长都离不开家人的陪伴，这是毫无疑问的刚需；父母往往因为工作繁忙，无法随时陪在孩子身边，这是每个父母心中的痛点；这种陪伴伴随孩子的成长过程，拥有高频的使用场景。360 的产品经理们通过这则新闻，挖掘出了极致产品的三个关键因素，那么是否需要我们研发一款全新的儿童智能陪护机呢？答案是否定的，仅需在原有的智能摄像头的基础上进行有针对性的升级便可以。

通过 360 智能摄像头，家长们能看到孩子的实时画面并且与他（她）即时通话，这是陪护孩子的基础；智能摄像头能够进行人脸识别，让家长可以精准识别孩子的面部表情，了解孩子的情绪变化，并及时给予反馈。360 产品经理们要做的事情，便是让孩子们对这个智能陪护机感兴趣，讲故事和互动是接下来的升级方向。

就这样，在一步步对产品进行功能延展的过程中，我们在早期 360 智能摄像头的基础上，最终发展推出了 360 儿童机器人产品，拥有语音问答、视频通话、远程查看、拍照摄像、故事录制等功能，同时含有海量精选音频、视频资源以及丰富的早教应用，孩子不仅可以随时与家长进行互动，还可以在家中随时学习丰富的知识。

这个不断升级的过程给我的触动很大。其实，产品经理在研发产品时，没有必要在初期便将产品考虑得特别周到，用户的真正需求需要通过实践一步步挖掘。在这个探索的过程中，我们经常会面临一些取舍。你会发现，一个产品如果有很多种不同的想法和功能点，就容易出现焦点不突出的情况。取舍是一个不可或缺的环节，我将之归为对用户群的取舍和对功能的取舍两大方面。

1. 用户群取舍

过去很长一段时间里，由于经济不发达，交通及信息常常将人们局限在某个地区以内，人们自主选择商品的权利受到极大限制，消费市场几乎被少数商业巨头所垄断。彼时的产品大多走的是大众路线，无论食物、服装还是生活及娱乐用品，都在想尽办法讨好每一个进店的客人；而彼时的用户，对于购买的商品，多数时候要求功能越多越好，比如 20 世纪八九十年代，有一些地区卖的一种音响，既能播放卡带，又能当作收音机，还有两个外置大音箱，看起来很像现在的家庭功放组合。之所以这样，是因为厂商希望满足尽可能多的用户群的需求，希望在某个地区卖出尽可能多的产品。

伴随互联网的兴起，社会生态环境悄然发生了改变，产品哲学也随之发生改变。信息的流通极大地丰富了人们的购物渠道，人们的消费主权得到了最大程度的解放。在这样的商业形态下，产品不需要讨好所有人，特别是互联网产品，早期的互联网产品面向的几乎都不是大众用户。

在需求个性化的今天，做产品与其奢望满足所有群体的需要，不如退而求其次。当产品信息能够覆盖到足够多的人群时，产品只要对准某个特定群体，能够满足某个细分领域的人群，将自己的优势发挥到极致，就能够获得更高的用户认同率。

　　从 2013 年开始，360 作为国内首家推出儿童智能手表的厂商，一直致力于为儿童提供更好的智能手表产品。在这个过程中，因为没有任何其他公司作为前车之鉴，所以我们踩了很多坑。现在看来，前两代产品都存在一些瑕疵，只有第三代产品才算取得了成功。在设计第一代产品时，360 儿童手表的产品经理们希望能够同时满足 0~12 岁孩子的需求，这个用户群覆盖面非常广。然而 0 岁孩子跟 12 岁孩子的胳膊粗细肯定不同，为了同时满足他们的需求，只能将儿童手表设计得比较小。手表小，意味着电池也小，待机时间自然比较短，每天都要充电。问题随之而来，一类问题是觉得天天充电太麻烦，体验不好；另一类问题就是家长们一旦某天忘记给孩子的儿童手表充电，然后孩子没戴手表，家长们发现即使不戴也无所谓，这让我们流失了很多用户。

　　因此，产品经理们在做第三代儿童手表时，决定不再考虑婴幼儿的需求，而是将电池做大，再通过软件优化的方式，让待机时间增加至 3 天。

做任何产品都不可能满足所有用户，当你试图满足更多用户时，产品必然会出现更多的问题。越想满足不同年龄、不同层次用户的需求，就越容易让所有人失望。产品经理必须学会对用户群体做出适当取舍，需要专注于产品的核心功能，对准高频使用人群的刚性需求，帮助他们解决很痛的问题。

2. 功能取舍

很多产品经理在为产品设计功能时不知道如何取舍，一味地想大而全，什么功能都想要，结果导致产品极其平庸甚至失败。

一款产品诞生之初的目的就是满足用户的刚需，解决痛点，因此我们在做产品的过程中要做减法，做到极致，功能一定不是大而全，而是有尖刀功能帮用户解决问题，其他功能应该是帮助尖刀功能实现更好的效果。但事实上，很多产品经理并没有理解透这一点。很多时候，产品经理做出来的功能对于产品经理自己来说是打中痛点，但产品经理痛并不代表用户痛，产品经理以为用户需要的功能也不都是用户真正的需求。一旦忽略了用户最本质的需求，功能再多都无法打动用户。

好的产品在推出之初，功能不宜太多。你不知道市场的未来走向如何，因此应该努力突出重要的功能，如果能打动用户，就证明你成功了，就可以顺势再加东西，给用户提供锦上添花的功能和体验。否则，市场都没有被验证，你就做出来七八十个功能，结果就是最后无论成功还是失败，你都不知道用户为什么喜欢或不喜欢你的产品。

因此我们在做产品时，功能取舍非常重要。有的时候必须舍弃某些功能，有的时候则需要根据市场反馈来调整核心功能。

同样以360儿童智能手表为例，对于前两代手表来说，电池容量小确实是一个问题，但这并不是最主要的问题，产品定位才是最致命的。我们当时主打的卖点是孩子防丢、防诱拐、防走失，对于孩子的父母来说，这个卖点提炼得相当棒，很多父母都会买。然而，孩子才是手表的真正用户。对于孩子而言，360儿童手表的价值并不大，他们往往不会主动充电，而父母又经常忘记给手表充电，最后手表沦为摆设。360 的产品经理们在开总结会时得出结论——安全是刚需，但不是体验点。

让我们回想一下极致产品的三个关键词：丢孩子是父母的痛点，防丢也绝对是刚需，但是使用频度太低。毕竟儿童走失只是个案，很多父母一周最多定位孩子两次，在孩子上学的时候反而不用，因为父母知道孩子在学校。

定位功能的使用频度不高，这就意味着 360 的产品经理们在设计第三代儿童智能手表时要找到更能吸引用户的体验点，一个曾经被我们屏蔽的功能重新进入了产品经理们的视野——打电话。

此前，有些产品经理认为孩子没有打电话的需求，所以屏蔽了打电话的功能。实际上，沟通是人类的基本需求（刚需），即使在新加坡等儿童安全系数较高的地方，很多父母也希望每天（高频）能够通过打电话关心孩子（痛点）。

亲子通信是刚需，是痛点，又是高频的应用。在经过多次讨论后，360 的产品经理们最终将通话功能定为第三代儿童智能手表的核心功能，使手表在安全工具的基础上又增加了沟通工具的属性。但我们没有去掉定位功能，因为这是儿童手表相对于家长来说的核心功能。

设计产品时，我自己最大的心得就是设身处地从用户的角度思考。在产品功能的取舍上，同样只有一条衡量标准——站在用户的角度，看这个功能是否可以为用户解决实际问题。

在 360 公司内部，对硬件产品的争论远超软件，特别是涉及工艺、材质、外形、要不要屏幕、有没有键盘等问题时。但最后，所有的选择都来自用户，而不是通过教育用户让用户接受我们的产品，这是每个产品经理都应该清楚的道理。

打造"同理心"

信息技术发展到今天，已经出现了严重的信息过剩，产品信息也是如此。在浩如烟海的同类产品中，你的产品体验一定要能够给用户足够的冲击力，否则不如不做。如何让用户全方位感知你的产品，这是一门学问。当你学会从用户的角度反观自己的产品时，就能看到产品的很多破绽，机会也随之而来。

最大的难题是心态，很多人表面谦卑，内心却无比狂傲，认为"老子的产品天下第一"，那是乔布斯的境界——从不做市场调查，认为"用户不知道自己想要的是什么"，硬生生无中生有创造出智能手机的庞大市场。对于这一点我无比佩服，然而不是谁都是乔布斯，斯人已逝，苹果公司也一步步走下了神坛。当你还没有成为乔布斯的时候，请你遵照市场规律，将自己的心态放低，打破"知识的诅咒"，真正进入"小白"状态，想想用户到底为什么选择你的产品。

当我们在试用其他公司的产品时，总会不自觉地将自己当成真实的用户，发现这个功能没用，那个按钮不好。这时候我们的产品体验是最真实的，对待自己的产品也理应如此，这就是我经常提到的"同理心"——观察自己作为普通用户的产品体验和感受，并扪心自问："我的感受代表了绝大多数人的感受吗？"每个人都具有成为产品经理的天赋，但不是每个人都能拥有"同理心"。

比如，在使用一款手机软件时，普通人通常会在体验不佳后，选择迅速将其删除；与之相反，如果用户体验很好，就会将之推荐给家人和朋友。当我们沉浸在研发手机软件的过程中时，往往没有将自己当成一个普通用户，并没有认真观察自己的内心感受和体验，没有站在用户的角度认真考虑这款软件好不好用，也就是缺少"同理心"。

如果你发现自己缺少"同理心"，别着急，进行"同理心"方面的专项练习就行。没错，"同理心"也可以通过有意识的练习加以提升。

1. 精神分裂法

我在对 360 公司研发的产品进行评判时，意识里往往会出现两个人格的周鸿祎，一个"小白用户"周鸿祎在笨拙地使用这个产品，另一个周鸿祎则会很冷静地看自己如何使用这个产品。产品好用则罢，但凡产品不好用，我就会去探究原因——到底是什么影响了我的产品体验？这种方法被我称为"精神分裂法"或者"灵魂出窍模式"。

每当有新产品出炉时，360 的产品经理们经常会高高兴兴地找到我，希望得到我的肯定，然而大多数时候他们会被我劈头盖脸一顿臭骂。很多产品经理会觉得很委屈，有的女同事还会偷偷抹眼泪。每当遇到这种情况，我都会告诉他们："别觉得委屈，你的这个产品做得再难用，终归还是自家产品，作为理性首席执行官的周鸿祎知道你为此花了很多心思，做出这样的产品已经相当不容易了，我很肯定你的付出。但是，作为'小白用户'的周鸿祎不会考虑这些，他的关注点永远只停留在产品上，骂你只是因为产品确实不好用。"

加拿大作家格拉德威尔在《异类》^①一书中指出："人们眼中的天才之所以卓越非凡，并非天资超人一等，而是付出了持续不断的努力。10000 小时的锤炼是任何人从平凡变成世界级大师的必要条件。"这便是著名的 10000 小时定律，我对此非常认同。一个人如果想在某个领域有所成就，必须花费大量的时间，仅仅依靠上班时间是远远不够的，优秀的产品经理往往成就于 8 小时之外。

换句话说，产品经理要想办法做到随时通过"精神分裂法"锻炼自己的"同理心"：当你抱怨家里的 DVD（高密度数字视频光盘）机、投影设备或电视机不好用的时候，就要考虑如果是由你来设计，你会回避哪些问题，重点打造哪些用户体验。无论是开车、去医院挂号，还是在机场候机，都蕴含着很多的练习机会，而在这些领域你都是"小白用户"（行业从业人员之外的人）。一旦你学会反观自己的"小白用户"体验，你就不再是一个纯粹的消费者了，你会得到双重的练习机会。

---

① 马尔科姆·格拉德威尔. 异类：不一样的成功启示录 [M]. 苗飞，译. 北京：中信出版社，2014.

2. 隔岸观火法

很多技术出身的产品经理非常有潜力，因为他懂技术，能更好地挑选技术方案，但他们容易犯一个共同错误——太想把自己先进的技术水平展现给用户。其实，这就是忘了从用户角度出发。

有段时间，360 总会收到用户的抱怨："你们为什么在未经我允许的情况下，在我的电脑上装手机助手？你们这么做就是'耍流氓'。"于是，我特意召集产品经理开会，告诉他们给用户装产品一定要经过用户的批准，用户应有知情权和选择权。产品经理委屈地说："老周，我们确实装了询问窗口，产品都是在用户确认后才安装的。"

事情变得蹊跷了，于是我们组织了一次用户调研，这才找到了问题的关键。原来，大多数用户会在很多窗口同时弹出时，随手关掉或是点击默认按钮，很少有人会认真阅读选项说明。

如果不能从用户角度去思考，你必然会犯一个错误——认为你做的每个产品用户都会认真阅读说明，这是产品经理的大忌。产品经理必须具备快速切换到"小白用户"角度的能力，学会观察、思考。

需要注意的是观察对象的选择。我们处在互联网行业，有的时候做用户调研，容易从身边的人中选择调查对象。但实际上，经常观察互联网行业的人容易出问题，因为他们的专业水平较高，不属于"小白用户"。他们喜欢的东西，老百姓不一定喜欢；他们能够轻易理解的问题，"小白用户"不一定理解。以关闭电脑程序为例，很多懂 Windows 编程的人，基本上都能够将某种程序在电脑上真正关闭，但很多"小白用户"认为最小化状态栏就能关掉程序。

为了更加真实地观测"小白用户"的思维方式和使用习惯，"隔岸观火"是个不错的办法。顾名思义，"隔岸观火"就是远远地看，观察用户使用电脑的方式方法，掌握用户的真实需求和想法。这种方法我已使用多年，并从中获益匪浅。

比如以前我有一个职业癖好，爱给别人修电脑。在修电脑的时候，我会看电脑里装了什么软件并试图拿 360 的产品优化电脑。但更多时候，我愿意看用户自己是怎么使用那些软件的。可能看一两个没什么感觉，但是当你接触过无数台普通用户的电脑之后，你就会慢慢体会到他们在使用电脑时的情绪变化。如果不看到真实的用户操作电脑，而是自己对着电脑看上三天，你意识不到自己产品的问题。

因此，我总是喜欢让 360 的同事们去一线修电脑，去观察普通用户如何使用我们的产品，进而发现问题，对产品做出改进。

想知道用户的真实想法，一定要让用户自己使用产品。作为专业从业人员，你如果告诉用户产品的功能，可能用户一下子就知道了。但是如果你不告诉用户，让用户自己摸索，很可能你会发现，本来你设计了某个功能，只要点两下就打开了，结果用户竟然点了十几下。

所以我们一定要旁观，隔岸观火才有效果。

比如在我们打游戏的时候，尤其是玩手机游戏，战事十分激烈之时，突然弹出个信息或者弹出个广告，会非常烦人。的确，通过手机设置里面的"通知"，可以关掉通知，但是打完游戏后如果忘了打开"通知"，可能就会错过什么重要信息。如果我们站在用户的角度去思考，有没有一种产品功能，可以让我们在游戏开始的时候一键关闭通知，游戏结束的时候自动又开启呢？

很多时候，看别人如何使用产品是非常重要的一门功课，也是我一直提醒产品经理要处处留心的一个重要方面。如果你能够切换角色，观察身边的"小白用户"如何使用产品，观察你的产品功能存在哪些问题，你就会发现还有很多问题等待被简化、被解决，这里面就一定蕴含着产品机会。

通过用户反馈深度分析问题

极致产品都是打磨出来的，互联网产品的迭代，需要产品经理们持续不断地努力，而努力的方向来自用户反馈，这就需要产品经理们更加注重用户的表达权，加强与用户的沟通。用户表达的渠道有很多，大致介绍以下几种。

1. 客服或用户中心

一直以来，我都被认为是 360 最大的产品经理，其实我也是 360 最大的客服，我常常亲自在微博和微信上看用户的反馈，为用户解决问题。因为我认为，只有通过长时间地和用户交流，我才能掌握最真实的用户反馈。

在 360 手机上市前，我们曾专门推出了一个应用——360 手机官方社区。开设这个应用的主要目的，是希望能够让用户亲身参与到手机的设计过程之中，和各位极客一起钻研技术、讨论产品，并根据用户的反馈对手机的设计以及功能及时进行调整、改进，以追求极致的设计体验。

曾经有人对我说："老周，我最初用 360 的产品就是因为你们的态度，我还是第一次碰到回复我的客服，不管软件怎么样，至少态度很好。"相信有这种感受和经历的绝对不是他一个人，只要你认真、诚恳地对待用户，很多用户就愿意尝试你的产品。即使他可能感觉你现在的产品做得还不够好，但是你愿意跟他沟通，他也就愿意给你更多的回报。

我建议产品经理们，如果确实想要提升自己的产品开发能力，可以先从客服或用户中心着手。要知道，真正最有活力的东西来自一线用户，他们的表述能力可能比较有限，但是他们对产品的感受最为真实和直接。因此，我们需要直接和用户沟通，在沟通过程中找到产品的不足并对其加以改进，而不能在用户反映这个软件不好用时，让其将就使用或者买本产品使用说明书。你应该且唯一能做的就是改变产品，为此，我始终认为产品经理需要去用户中心锻炼。

业内的很多公司会设立专门的客服部门在论坛里提供服务，在这方面 360 曾经有过失误。我们内部曾经对员工进行过分工：由一个主产品经理带领十几个产品助理共同组成客服部门，其中助理的分工极为明确，有专门做数据分析的，有专门做论坛回帖的，还有专门做用户反馈的……这样的分工在很多人看来比较合理，甚至直到今天很多企业依然这么做，但我认为这是一个极大的错误——每个产品经理都要学会跟用户打交道，这是产品经理的基本功。因此，我要求 360 所有做产品的人，包括主要技术骨干，都必须跟客户做直接的沟通。如果时间允许，尽量都到用户中心锻炼一段时间。

从用户反馈中，你或许无法直接得出用户的需求点，但是它至少可以让你不丢分。如果有用户抱怨，则说明了两个问题：第一，产品有需求；第二，产品有问题。如果用户对你的产品压根儿没有兴趣和需求，他可能连吐槽都懒得去做。

2. 专业论坛

当然，除了客服部门，我们还可以通过其他渠道收集用户的意见，进而了解用户的需求。我平时就非常喜欢逛一些专业论坛，并常常从论坛中汲取一些用户的建议。

360 安全卫士早期曾经根据一些专业论坛的用户反馈，做过一款名为"360 专杀大全"的产品，受到了大量用户的欢迎。当时，互联网上有几个非常有名的专业论坛，里面潜伏着很多极客和产品高手，我经常在论坛内与他们沟通和切磋。在我的大力倡导和身体力行下，360 的产品经理们也经常去这些论坛取经。

在这个过程中，产品经理们发现，论坛里的很多用户都存在一个普遍问题：用普通杀毒软件对电脑进行全面查杀之后，发现有些病毒文件无法被根除，杀毒后电脑仍然运行缓慢。通常来说，这类问题的解决方法十分简单——论坛里的高手们会通过用户的描述确定病毒类型，让用户尝试能够杀除这类病毒的杀毒工具，问题大多迎刃而解。

360 安全卫士的产品经理们从这些问题中挖掘出了用

户的一个潜在需求——查杀顽固病毒。若能研发一款产品，一次性解决市面上常见的顽固病毒，并定期升级换代，必能抓紧用户的心。于是，我和产品经理们便每天逛论坛，下载这些高手们提供的各种工具，将其综合整理，做出一个基础包——"专杀大全"应运而生。用户一旦遇到棘手的杀毒问题，便可以下载这个基础包，执行第一个工具，如果问题没能得到解决，便继续执行第二个工具，如果还是不行就再试第三个工具……直到问题解决为止。从技术层面看，这款产品几乎没有一点儿技术含量，只是将市面上的各种杀毒工具汇总打包而已，但其切实解决了用户的实际需求，在当时非常受欢迎。

3. 微博或微信

360 早期的很多产品，都是通过各种用户论坛，依靠用户的力量研发出来的。微博和微信也是这样。我一直认为，微信就是一个大而全的用户论坛，是产品微创新的源泉所在；微博则是微信的原始版本。

新浪微博刚推出时，360 是第一个专门组建团队去微博上收集用户反馈的公司。一旦发现微博上有人抱怨360的产品问题，我们便会第一时间和其取得联系并进行沟通。除了360，当时还有两家公司也是7×24小时在微博上解答用户针对产品的任何问题——海底捞和杜蕾斯，后来小米也加入了进来。

在这个过程中，我还发现了一条规律，假设每天我们能够从微博中收集到100条用户反馈，而在某款新产品推出后，我们收到了200条或300条用户反馈，那就意味着这款产品一定出了问题，需要产品经理马上定位寻找到问题所在，这也是我们能及时快速进行一些微创新的源泉。

每一个成功的产品，都不是一招制敌，更不会一炮而红，而是需要产品经理不间断地通过各种渠道收集用户反馈。这是一个长期的过程，不可一曝十寒，更不可朝兴夕止。在掌握了大量的用户反馈后，你要做的不只是平息用户的怒火，更要了解他们生气的根源，找出这件事背后暴露出的问题——到底是产品功能设置问题、服务问题，还是管理上的问题。如果不从根本上解决问题，问题只会越来越多，直到解决不完。

所以，我希望产品经理们能够通过用户反馈深层次地
分析问题，并通过这个问题举一反三，建立起一套正确的游
戏规则。若能做到这一点，就能一劳永逸地将此类问题一并
解决。

第 3 章

没有用户体验，就没有商业价值

我一直坚持用户至上的理念，产品经理一定要以用户体验为第一原则。我们一定要把自己真正放到用户的角度上，先做用户再做客户。如果一个产品不考虑用户体验，最终一定会失去用户。

只有超预期才叫用户体验

　　用户体验，很多人将其理解为产品的外观和包装。错了，用户体验贯穿于用户使用产品的全过程，是产品制胜的关键。现在很多创业者在和我第一次见面时，就要跟我聊聊企业战略，对于这一点我非常不认同。企业战略绝不能停留于云端和口头，而应具体到你的产品如何解决用户的问题，如何让用户使用起来感觉愉悦。这是我非常看重的产品观。

　　在互联网时代，产品能否成功，用户体验越来越成为一个关键因素。过去信息不对称，商家处于有利位置，通过广告、渠道等把产品塞给消费者，把产品卖出去就算完成任务了。互联网普及后，信息多、流动快，用户体验就变得愈加重要。在用户拿到产品的那一刻，营销才真正开始。产品能否获得市场认可，完全取决于用户体验。

关于用户体验，我有自己的看法：只有超预期，才叫用户体验。打个通俗的比方，同样是请用户吃萝卜，有些人连洗都没洗便直接将萝卜送到用户手中，有些人却精心雕了朵萝卜花，后者的用户体验无疑明显高于前者。

举个例子，你去饭店吃饭，吃完饭后结账走人，这不叫用户体验。如果你去饭店跟服务员说："我缺个女朋友。"服务员回答："那我给你介绍一个。"吃完饭还能拥有个女朋友，这就叫用户体验。

在餐饮行业，火锅一向被认为比较低端。同样做火锅连锁店，食材也并不比其他火锅店更新鲜健康，海底捞凭什么创造了行业的神话？关于海底捞的成功秘诀，总结起来就是4个字——超出预期。

海底捞的服务口碑众所周知，它总是能够为顾客提供超出常规体验的东西，让你愿意和亲戚朋友分享，因为这种用户体验完全出乎你的意料。

天下大事，必做于细。我一直不喜欢马后炮式的总结，因为它会省略过程、过滤细节。比如一提用户体验，很多人会先想到好看的设计，这就陷入了"把科学和艺术完美结合"的误区。用户体验的好坏，关键在于产品能否解决用户的问题，能否让用户更简单、更方便地做某件事。伟大产品的第一版都是粗糙丑陋的，但这并不重要，可以改善。

如果你足够细心，就会看到不少产品都有欠缺之处，若能改善，就是一个与之竞争的机会。在很多产品经理看来，这些产品已经做得很不错了，可他们不知道用户很有可能正在忍受着产品的某些瑕疵。如果竞争者能够在各种细节上加以改善，就会带来飞快传播的口碑，市场格局会加速完成从量变到质变的过程。因此，我经常对 360 的产品经理们说："用户体验从细节开始，并贯穿于每一个细节。"

很多人都知道我是花椒直播的用户，因为我也有投资花椒直播，所以一直比较关注它。有时候，我会发现花椒直播某个版本的用户体验在细节方面并不到位。比如，曾经有一段时间，花椒直播有个领红包的活动，但提示用户领取红包的标识所在的位置和水印重叠，这就完全忽略了用户点击红包时的体验。这就好比你买了一台新电视，打开后却发现电视正中贴了一个标签，严重影响你观看电视节目的体验，你自然会将其摘掉。

那么，为何会出现这样的设计漏洞？我大概了解了一下，可能是因为花椒直播的产品经理们并没有真正从用户的角度来体验产品的整体流程。注意，这里说的是整体流程，很多产品团队规模比较大，可能不同的功能模块分为不同的组，因此，负责设计水印的产品经理甲在将水印摆放到相应位置后便完成了自己的工作，而负责设计红包的产品经理乙也履行了自己的职责，把红包领取标识放到了自己认为合适的位置。从个体工作的角度而言，他们都是合格的产品经理，却唯独没有在产品整体完成后，从用户角度重新审视产品体验。

这种失误带来了用户感官体验上的不适感，尤其在花椒直播这种视觉类产品中，用户体验非常不好，很可能导致用户看得不舒服就直接关掉不看了。

我对360的产品总是会习惯性地反复审视。我们的行车记录仪和摄像头也带有水印，每一版的水印位置我都进行过仔细推敲。我会观察微博、秒拍、短拍里其他人的水印加在哪个位置，再考虑能否应用到 360 的产品上：放在上边还是下边？左边还是右边？具体放在哪一行？

曾有员工找我反映："周总，你太吹毛求疵了，我们产品的第一个版本就已经比市面上的其他竞品好很多了，为什么还要一版一版地改进？"我认为这个观点存在很大的问题。产品经理一定要在自己内心定下一个超过用户预期的标准，而不是比竞品好就满足了。

用户体验，顾名思义是用户的体验，因此，标准的确立应该是根据用户的感受，而不是根据竞品。可能竞品只是三流水平，你做到二流，一看比竞品好了，就觉得行了，实际上还远没有达到极致。

真正能够成为爆款的产品，背后一定有一个追求极致的产品经理。

在 iOS 之前，智能手机的操作系统已经有很多了，但为什么直到现在，用户体验最好的操作系统依然是 iOS？用比较粗放的方式看，都是手机操作系统，都提供了应用，功能相差得其实也没有那么多。但如果拿放大镜看，会发现很多细节上的差异。

乔布斯就是一个追求极致的产品经理。有这么一个故事，说在早期的 iOS 系统中，谷歌公司上传了谷歌地图 App。乔布斯在将谷歌地图 App 的图标放大若干倍后，发现第三行某个像素的颜色不对，他认为这严重影响了 iOS 系统的整体美观，是对苹果产品的一种不负责任。于是，乔布斯给谷歌高管打电话，要求谷歌公司立刻修正该像素的颜色，否则便要将谷歌地图的图标从 iOS 系统中删除。

今天的很多消费者并不理智，他们更多地在意感性的层面。他们选择或抛弃一个产品，往往不是基于对产品本质的了解，更不是基于技术的优劣，而是基于产品点滴细节中的用户体验。在这种认知下，产品拼的不是功能和技术，而是细节体验，这也是苹果能够颠覆手机市场的一个重要原因。

在我看来，苹果公司的所有战略无外乎用户战略和产品战略，不断发现并满足用户的需求，为用户提供极致的产品体验。乔布斯的关注点永远是某个图标是否精美、手机用起来是否顺畅。比如，他专门为苹果手机设计了一个图形处理器，以保证苹果手机界面屏幕滚动时会让用户感觉更加顺滑。

与同时期的竞品相比，你的产品在功能和技术方面不会相差太多，而用户感知的往往是产品的细节，这时就需要你用产品经理的敏感去感受这种细节的差异。2016 年 3 月的全国"两会"上，"工匠精神"首次出现在政府工作报告中，并由此成为舆论的热门话题。所谓"工匠精神"，实际上就是一种精雕细琢、不断完善的产品精神——做任何产品，都要坚持对产品负责的态度，注重每一个细节，为用户提供远超预期的体验。这是每一个产品经理必备的品质。

用户体验不能假设

　　很多产品经理身上存在着 4 种错误假设。第一，假设用户一定会很喜欢某个功能，但这很有可能是伪需求。第二，假设用户一定会理解这个功能的使用方法，而事实上很多功能都隐藏得很深，普通用户根本没有办法在短时间内找到。第三，假设用户在使用这个功能时，能够完整地体验整个流程。这一点错得最离谱，对于绝大多数产品而言，很少有用户能够顺畅地进行整个产品体验。第四，假设用户在使用产品后能够获得良好的用户体验。

　　如果把以上 4 种假设做成一张表格，将你身边的任何产品参照该表进行对比，你会发现，能够全部符合以上 4 种假设的产品实属凤毛麟角。

事实上，我最痛恨的一点便是未做产品先做假设。很多产品经理之所以无法做出有口皆碑的产品，很大一部分原因是他们太自我了，总感觉自己是专家，总喜欢在做产品之前先进行各种假设。在我看来，产品经理切不可盲目假设用户一定能够理解你的全部想法，不能假设用户一定知道产品中的某个功能并找到它，更不能假设用户一定能够完整体验该功能，并从中获得享受。你的设计逻辑，并不直接等同于用户的使用逻辑，如果不能用"同理心"做产品，就容易陷入"我是产品经理，用户需要遵循我的思维路径"的误区，这是产品经理最大的失败。

联想集团由一批从中科院出来的知识分子和科学家组建，这些人长期埋头搞科研，普遍存在知识分子的清高架子，并不太了解真实的用户需求。为了让这些人放下架子，真正接触到用户，听到用户的声音，柳传志让他们亲自去柜台向用户售卖自己的产品。通过和用户近距离接触，这批知识分子调整了科研方向，生产出一系列叫好又叫座的产品，这才有了联想曾经的辉煌。

　　产品的好坏，有时并不由产品制作者决定，而是由用户需求决定。当用户想要"3"的时候，你给了"5"，用户会觉得你的产品很棒，超出了他的预期。而当用户想要"10"的时候，你的产品便明显难以满足用户的需求，即便你这个"5"写得再龙飞凤舞、再充满艺术气息，也不是用户眼中的好产品。

　　我曾与很多企业家进行过交流，多次听他们抱怨自己企业的产品经理们无法聚焦用户需求。出现这种情况的原因多种多样，最大的原因在于产品开发之前，产品经理们没有解决不确定性的问题。《产品经理方法论》的作者乔克·布苏蒂尔在书中写道："不确定性的存在是因为缺乏信息，缺乏信息是因为你对所服务的市场知之甚少，而所有这些不确定性，最终都会转化为风险，风险会转化为成本，致使整个产品彻底失败。"是的，在开发任何产品之前，产品经理都需要进行严格的市场调研，以找到真正的刚需和痛点，而绝不是坐在办公室里拍拍脑袋进行一系列假设。

　　南宋诗人陆游在教导儿子写诗时曾说"汝欲学诗，功夫在诗外"，意思是如果想要学习写诗，应该将精力放到诗外的天地中，只有在拥有了生活的积累和认知之后，才能做到"下笔如有神"。今天的产品经理也是如此，如果平时甚少触及同类产品，自然无法了解最真实的用户需求，只能单纯凭借自己的想象闭门造车。在这方面，360 也曾吃过大亏，我们的第一版路由器的市场反馈非常糟糕，痛定思痛，我发现其中最大的败笔就是该项目的产品经理做了太多假设。

1. 假设用户能够欣赏设计的用意

为了追求美观，我们的第一版路由器专门请了日本的设计师，将外形设计成鹅卵石的形状，这是我们犯的第一个错误。产品经理认为用户会懂得欣赏这个"鹅卵石"的小巧美，后来我们做了市场调查，才知道在很多用户眼里它更像一个廉价的肥皂盒。很多用户认为路由器不能太小，盒子越大看起来越昂贵，他们追求的依然是"物美价廉"，希望花 100 元买到价值 500 元的东西，至少看起来像 500 元的，这是很多互联网硬件前辈领悟到的真谛。

2. 假设用户能够了解内置天线的效果

为了配合路由器鹅卵石形状的设计，产品经理甚至拒绝设计外置天线，我对此很不理解，他给我的解释是内置天线的效果不输于外置天线。从专业角度来看确实如此，但很多用户对此并不理解。要知道，信号是大多数用户选择路由器时的第一考虑要素，而在普通用户的认知里，天线越多，代表信号越好。从感性角度出发，他们对内置天线的效果并不认可。天线的数量其实无关紧要，重要的是让用户能够有所感知，而且符合他的认知。

在我的强烈反对下，产品经理虽然最终设计了一根天线，却不属于标配，需要用户加钱购买。事后看来，这种做法很容易让人觉得我们的第一版路由器是一个半成品，属于一错再错。设想一下，如果你在一家餐厅吃饭，发现餐巾纸需要单独付钱购买，你会有怎样的感觉？即使这家餐厅的服务和饭菜都很不错，额外收取的纸巾费也会让你在买单时或多或少不舒服。

3. 假设两个接口可以满足用户需求

接口问题也是第一版路由器出现的一大错误。早先的有线路由器一般有4+1个接口，一个接外网，4个供用户使用。在有了无线网络之后，接口的使用率大幅度降低，因此，产品经理只为第一版路由器设计了两个接口，认为这完全可以满足用户需求。

然而，他却忽略了一个问题：正常人总希望拥有更多的选择权。以吃自助餐为例，我们总是习惯于选择拥有更多食物品类的餐厅，尽管我们并不一定每样食物都会尝试。在选择产品时也是如此。对于绝大多数用户而言，4个接口的路由器显然比两个接口的路由器选择要更多一些，功能也会强大一倍，价格也应贵一倍。实际上，二者的成本并无太大差别。

4. 假设用户能够理解我们的想法

当时，市场上对于路由器的辐射问题并没有明确的统一观点，产品经理便将这作为该产品的一大卖点，专门设计了一个低辐射模式，力图以安全健康的理念吸引用户。然而，低辐射必然建立在牺牲信号的基础之上，他忘记了用户对于路由器最基本的要求就是信号强。当一款路由器的信号出现问题时，辐射问题早已不在用户的考虑范围之内了。

由此，我提炼了用户体验的最终真谛：你给自己的定位是什么并不重要，重要的是用户认为你是什么。正如我们的第一版路由器，成本极高，销量却极其惨淡，最后只能降价处理。

在想明白了这个道理后，我们在设计第二版路由器——360智能安全大户型路由器时便有针对性地进行了调整：将信号作为首要因素，外观参照苹果笔记本电脑的设计，使用了铝合金外壳，颜值很高，且设计了两根外置天线。这些调整十分有效，360智能安全大户型路由器取得了突破性的成功，销售超过了100万台。

在微软公司流传着这样一句话："自己的狗粮自己吃"，意指作为产品的研发者，你一定要使用自己公司的产品，哪怕该产品像狗粮一样难吃，你也要捏着鼻子咬着牙吃下去。如果你完全不去使用，如何知道它到底有多难用？如何掌握真实的用户体验？更别提找到问题所在并做出有效调整了。在使用自己公司产品的过程中，你会发现这与你凭空假设的情况完全不同。

因此，我建议技术人员：如果有可能，都去做做产品的测试工作。目的很简单，就是为了将自己切换到用户的角色，亲身体会产品的不足之处。如果一个技术人员只顾埋头编代码，却将测试产品的责任完全推给测试人员，那他的代码永远不会产生太大价值，他永远不知道自己真正错在何处，自然也就永远没有可能成为一名合格的产品经理。

即使你已经是一名产品经理，也有必要时刻关注产品的测试层面。如果一家公司官僚作风严重，从上到下就是听汇报，基层测试人员只报喜不报忧，便会遮掩很多问题，以致产品无法得到改进的机会。

抱怨是产品研发的灵感来源

或许因为我在产品领域有些自己的见解，也取得了一些成绩，有很多人千方百计地弄到我的联系方式，向我提问："研发产品的灵感从哪儿来，有没有一种系统性的方法？"产品的根本是解决用户刚需，所以产品研发一定是找到用户的痛点在哪里。

寻找用户痛点的灵感来源无非"一里一外"两方面，"里"就是创业者自己发现的，我自己发现市场上缺少某个产品能够解决我的需求。

更多的是"外"，就是观察别人的想法，倾听别人的抱怨。有抱怨的地方一定是有未被满足的需求。

脸谱网（Facebook）最初其实是哈佛大学校园内部的一个产品。脸谱网创始人扎克伯格在接受采访时曾透露，很多身边的同学都说应该有一个哈佛的花名册（facebook），而学校来做这个事情非常难，扎克伯格觉得自己能比学校更快、更好地做出来，于是他就做了脸谱网。

典型的产品经理思维就是善于思考如何解决别人的问题，360 手机卫士现在有拦截骚扰电话、垃圾短信的功能，这是因为骚扰电话、诈骗电话以及垃圾短信已经对很多人的生活造成了严重的影响。大家身边平时肯定有人遇到过、抱怨过这类问题：刚想好一个方案，接了一个卖房子的电话，什么都忘了；刚发了工资，收到一个假冒银行短信，工资没了……

那么，有没有一种方法，能让这些人拨打我们的电话时就提示他们是骗子或者是推销的呢？可能在以前非智能手机时代，这个事情还不具备条件完成，但是基于安卓平台、iPhone平台的技术开放，现在 360 手机卫士可以实现对骚扰电话或短信的标记、拦截。

对于 360 这样的公司来说，产品研发的灵感来源，除了我们自己看到身边人的需求之外，还有一个重要的来源就是用户的抱怨、谩骂甚至攻击。

360 研发的很多新产品，都是来自用户看似不理性的投诉和粗暴的回应。如果你能静下心来认真思考，就会发现用户不满的背后，其实都代表了一种需求。以"360 开机小助手"为例，这款产品专门用于提升用户的电脑开机速度，推向市场后反馈非常好，获得了极高的用户满意度。这款产品的设计灵感就是源于用户的指责。

现实生活中有很多人的电脑经常会出现开机时间过长、程序响应不及时的问题。一旦出现这种情况，大多数用户的直接反应是电脑中了病毒。电脑杀毒当然要找 360 杀毒软件来帮忙，可是有些用户使用 360 杀毒软件查毒后发现一个病毒都找不到，于是便通过各种途径批评 360："我的电脑很慢，但是用 360 杀毒软件却一个病毒都没查出来，你们研发的产品不合格！"

世界上没有无缘无故的爱，也没有无缘无故的恨，更没有无缘无故的指责。当用户对产品产生不满后，产品经理们一定要学会分析抱怨背后的潜台词。表面看来，用户是在抱怨 360 杀毒软件的查毒能力不行，可用户想解决的并不是查毒问题（事实证明，大多数用户的电脑里确实没有病毒），而是电脑开机速度太慢的问题。市场上有很多软件都会在开机后自动运行，有些软件甚至会自带弹窗广告。如果用户电脑开机时需要同时运行几十个软件或者弹出几十个窗口，启动自然会变得很慢。由于这些软件并不是传统意义上的病毒和木马，而是用户需要用的软件，360 杀毒软件自然无法将其查出。

　　用户指责的根源找到了，解决的方法对于我们的产品经理而言是小菜一碟，只需要再开发一个能够将这些软件从电脑启动加载项里删除的产品就好，于是"360 开机小助手"便应运而生。

"360 开机小助手"绝不是简单的个例，事实上，最初研发 360 安全浏览器的设计灵感，也是源于用户的抱怨，甚至可以说整个 360 都是在用户的抱怨声中一点点成长起来的。

　　在收集用户反馈的过程中，我们发现每天都会有用户抱怨 360 杀毒软件查杀不力。从杀毒软件角度来说，这个问题其实很难根本解决，只能一次又一次地加载新的病毒补丁。打个比方，查杀病毒就相当于给一个已经感染病毒的病人吃抗生素，并不一定能够让其立刻康复。最好的方法，应是将病毒直接拒之门外。

电脑感染木马和病毒最大的可能途径就是浏览器，大部分钓鱼网站都潜伏在浏览器之中，网银和购物也都离不开浏览器……如果不从根本上解决浏览器感染病毒的问题，只是不断更新升级杀毒软件，如同隔靴搔痒，治标不治本，用户的网络安全只能处于被动挨打的局面。

要想彻底解决用户上网的安全性隐患，浏览器无疑是最佳选择。当我们理顺了这个产品逻辑后，360安全浏览器的诞生便只是时间问题了。

不可否认，正是客户对于360杀毒软件的抱怨，催生了今天的360安全浏览器。事实上，我们在研发360安全浏览器的时候，也曾遇到过很多困难。众所皆知，在PC（个人计算机）时代的发展后期，很多人已经不再习惯于在电脑上安装各种软件，而是直接在浏览器中工作。从这个层面来看，浏览器很大程度上已经相当于一个操作系统了。问题随之而来：你的电脑有任何问题，都会直接反映在浏览器上。之前说过用户大多是"小白"，他们想不到真实的原因，第一反应仍然是——360安全浏览器有问题。

　　我的一位朋友曾向我抱怨："用你们的浏览器打开网页的时候，图片全部无法显示。"由于我们私交甚佳，我便立刻安排网络工程师去他家查看，结果令人哭笑不得：360 安全浏览器没有问题，出问题的是他家的网速。

　　可能很多人会认为这是个笑话，但我并不这么想，我的朋友在互联网方面是个不折不扣的"小白"，他的问题也是千千万万"小白用户"都可能会面对的问题。他的问题如果没有及时得到妥善解决，日后可能会发展为大多数用户的问题，到时便会对 360 安全浏览器的整体发展产生不利影响。

　　于是，我将这个问题带到了公司的内部讨论会上，和产品经理们进行了认真的讨论：当 360 安全浏览器无法打开网页的时候，能否测算出当时的网速？为此，我们专门推出了一款新产品——360 网络测速器，用户可以利用该产品随时了解电脑的网速情况。与此同时，产品经理还专门设计了 360 浏览器医生，当其检测到用户的浏览器出现问题时，会自动弹出，用户可以选择一键恢复。

双管齐下，用户关于 360 安全浏览器的很多小问题就可以轻松解决，节省了我们大量人力成本。不仅如此，用户的抱怨还是 360 安全浏览器改进的动力和灵光一闪的创意来源。

有一天，一个用户打电话给我们，抱怨道："你们的浏览器怎么都不支持网银？"接电话的小姑娘一听就愣住了，这简直是无中生有，支持网银运行是 360 安全浏览器最基本的功能之一。通过深入沟通，我们了解到事情的真实原因，原来是该用户没有装网银插件。

在当时，用户如果需要使用不同银行的网银，就得先安装不同银行的插件和驱动。整个安装过程包括下载、安装和重启等多个环节，任何环节出现问题都会导致安装失败。重要的是，即使网银插件安装失败，用户当时也并不知情。当他想要使用网银时，才发现无法打开，并归咎于浏览器不支持。

当 360 安全浏览器的产品经理们听说此事后，突然有了产品改进的灵感和方向——跟多家银行签订协议，帮用户自动下载并安装最新的网银插件。

既然无法一一教会每个用户去装网银插件，那么我们就帮助用户自动下载安装。正所谓"山不过来，我就过去"，这就是 360 安全浏览器成长极为迅速的秘密所在。反过来也是如此，大多数用户都认为 360 在网络安全方面做得比较出色，其实也没有特别花哨的技巧，有的只是脚踏实地地一次又一次从客户的抱怨中汲取灵感，不断满足客户需求。

中国互联网的用户群体庞大，范围广泛，要做到真正满足所有用户的所有需求，显然是件不现实的事情。我们能做的，就是尽可能完善每个细节。做产品要追求极致，但不要追求完美。仔细探寻用户抱怨、谩骂与攻击背后的真正需求，并将其转变成前进的动力。即使被竞争对手批评，也要分析其批评是否合理，如果不合理，就要努力改进产品，让其无可挑剔。

用户就像鱼，好的产品就像水。要养鱼，先养水。至于是海水还是淡水，还得看鱼的需要。先放水养鱼，把用户体验做到最好，让用户离不开你，这才是最重要的。我给大家的建议是，从现在开始，仔细倾听那些反对的声音，从这些声音中找到用户的真正需要，然后着手实现。

损害用户体验的利益不可取

　　企业逐利无可厚非，任何时代，商业都是逐利而非公益的。所以现在我们做产品，从长远战略上来看，即使是免费的产品，我们也希望未来它能够带来商业利益。

　　但是站在产品经理的角度上看，获取收益的行为不应该影响甚至损害用户体验。当公司利益与用户利益产生冲突的时候，第一时间要解决的应该是怎么满足用户利益，让用户利益优先。

　　用户体验是一款产品战胜竞品的最重要因素，细心观察互联网行业新兴的一些品牌和产品，你会发现，它们实际上没有花费太多的推广和营销费用，反倒是在用户体验上做出改进。

我之前出过两本书——《周鸿祎自述：我的互联网方法论》和《智能主义：未来商业与社会的新生态》，许多读者看了很喜欢。有些读者会把我书中的内容摘抄下来分享，还有一些读者更愿意用手机拍下来分享。就目前移动互联网的发展来看，肯定后一种做法是大多数人的习惯，这就是大多数用户的体验点。

说到拍照，我们就来说说相机。胶卷相机现在只有极少数人仍在使用，其实数码相机的功能并不一定优于胶卷相机，但"小白用户"喜欢更简单的方式。智能手机随后兴起，其拍照效果越来越好，使用体验也越来越方便简单，轻轻一点就可以了。因此，数码相机尤其是卡片机也逐渐失去了市场。相机市场的变化，可以说完全取决于用户体验。

好的用户体验能够帮助你争取到市场，但做不好也肯定会让你失去市场。

一直以来，手机市场的商业预装已经是业内潜规则，尤其是现在手机市场竞争激烈，成本高、利润低，厂商需要从各个方面提升收益，因此，商业预装不可避免。

在国家有关部门要求预装 App 必须可卸载之前，有一些手机厂商的商业预装软件是不可卸载的。所以，360 手机的 360 OS 系统在做预装的时候，我们有以下几方面的考虑：第一，所有商业预装 App 都可以卸载；第二，商业预装软件也由用户来决定，用户口碑好才可以；第三，我们对商业预装 App 都进行了比较严格的审核，尽量避免预装软件无故占用手机资源导致手机卡顿等情况出现。

传统的安卓手机有一个通病——在使用一段时间之后就会变得又卡又慢。原因有很多，预装应用的自启动是其中较为重要的一个。为了改善这一通病，360 手机的产品经理们在经过痛苦的抉择后，要求所有在 360 OS 里运行的应用程序都必须遵守我们的游戏规则，简单来说就是不自启。当用户未使用某个应用程序时，不允许该应用程序在后台启动或者偷偷下载个"全家桶"什么的。要知道，这样的行为会严重损害用户体验，而用户体验是 360 手机的立身之本。

　　无论是成熟公司做产品还是创业公司刚起步，都会或多或少遇到公司利益和用户体验相冲突的问题。要想做出正确的选择，最重要的是站在用户的角度思考，换位想想，如果你是用户，是否真的需要某个功能，是否希望产品团队做某件事情。

第 4 章

我的智能硬件产品观

和软件相比,硬件的探索之路显然更加坎坷,智能硬件更
是难上加难。智能硬件虽然与互联网和人工智能有诸多结
合,但市场上的很多智能硬件产品都过于强调互联网化服
务,而背离了智能硬件的本质。关于智能硬件产品,我颇
有些心得想要与你分享。

80%的智能硬件都是虚假的

过去很长一段时间里,我一直坚信IoT(Internet of Things,物联网)、万物互联代表着未来,我相信这是一个趋势。但是近几年,智能硬件市场的发展并不乐观,无论是行业内的巨头,还是创业公司,大家做得都不算特别好,遇到了很多困难。因此,有很多人表示IoT、万物互联、智能硬件不是未来的方向。

对于这个观点,我并不赞同。我认为在某种新事物炙手可热的时候,要保持谨慎和冷静。我们可以总结到底哪里做错了,比如是不是对用户的需求把握不准,或者突破的关键点到底是硬件还是云服务?但是,我们不能因为暂时没有见到曙光，就完全否定这个行业的未来。

我依然对 IoT 和万物互联有强烈的信心，它们不会像当年的"千团大战"那样，一夜之间如潮水一般退去，只是需要有点耐心。实际上，智能手机的发展经历了差不多 20 年的时间，在 iPhone 诞生之前，已有很多公司在做智能手机，这才迎来了智能手机井喷的火爆市场。而对于 IoT 和智能硬件来说，一切才刚刚起步。智能硬件要真正迎来市场高峰，可能还需要 3~5 年的发展。虽然现在看来走得不太稳当，但终归还是在正确的路上。

方向是正确的，但问题依然不可忽视。在智能硬件的探索道路上，我总结了以下两个错误，希望能为智能硬件的产品经理们提个醒。

1. 智能硬件不等于将硬件联网

联网实际上是智能硬件的必要条件，但很多人总是习惯性地认为，将任何一个硬件产品连上互联网就是智能硬件，这个想法我不认可，甚至认为它是非常错误的，这也是消费者对市面上很多所谓"智能硬件"不感兴趣的原因所在。

比如有很多做所谓智能灯的企业，给灯加个 Wi-Fi 芯片，能联网，能用手机控制，就说是智能硬件了。智能在哪里？还是需要手机去控制，半夜起来开个灯先摸手机，然后打开App，再去开灯，用户累不累？智能灯要怎样才算是智能？如果我的孩子在灯下做作业，智能灯能不能识别了之后自动调节灯色和亮度？如果我是在家看电影，能不能自动调节成另一个亮度？

　　有段时间家电市场上的洗衣机、微波炉、冰箱、电风扇等一夜之间都被冠以智能洗衣机、智能微波炉、智能冰箱、智能电风扇等名头，价格也立马高了许多。实际上，很多厂家只是往传统家电内部添加了一个微处理器，连接了网络，增加了简单的程序控制功能，让一些功能变得稍微方便些，比如用户可以在外面远程开关，但实际上并没有带来本质的变化。

　　以"智能电饭煲"为例，厂家仅仅是为电饭煲加上了一个 Wi-Fi 芯片，让它具备了联网功能，这样的"智能电饭煲"真的智能吗？真的能够实现万物互联吗？真的符合用户需求吗？我曾经买过一款联网遥控的日本电饭煲，买完以后我就后悔了。试想一下，我遥控电饭煲有什么意义？谁来淘米？谁把米倒进锅里？如果只是远程开启烧饭功能，那和定时工作有什么区别？

　　360 在智能家居领域做了一个产品叫智能摄像机。360 智能摄像机是放在家里的，用户可以通过它看孩子、看老人、看保姆、看宠物，是用户和家里的一个连接。这个也是联网的，但联网之外，它可以做到一些我们觉得智能的事情。比如这款产品有个智能移动追踪技术，是利用人工智能视觉识别算法，发现移动物体后，能够自动转动摄像头进行跟踪，如果设置了看家功能，还会拍摄 5 秒视频推送到手机 App 上。如此一来，摄像头的使用就建立在防盗的刚需基础上，比如家里没人，开启 360 智能摄像机之后，如果家里进了人，摄像机就能够自动跟踪拍视频发到你手机上。

根据用户的需要，不需要用户手动操作，自动完成某件任务，这是智能硬件需要做到的。

如果只是能够联网，只是有个 App，都不叫智能硬件。

研发智能硬件的产品经理真应该好好反思一下，在你将一个硬件智能化之前，有必要想清楚用户在什么场景下才有这样的需求，你的产品能为用户解决什么问题。

2. 智能硬件不仅仅是加芯片或处理器

除了联网，在有些智能硬件的研发者看来，在硬件中放一块带有操作系统的处理器或芯片，或者生硬地为硬件配上 App，就能让其实现智能化。其实，这种思路也是错误的。

为一个物理设备内置的智能系统，无论是安卓系统还是其他系统，只是代表该设备有这个功能，但现在绝大多数智能硬件的操作系统一般情况下运算能力比较弱，硬件与手机等产品相比差了好几个量级，里面的软件往往也比较简单。那么，在与手机真正连接起来后，你需要去思考用户在什么场景下会用到它。如果为了让用户打开某个硬件产品的 App，而使其变得更加不方便，那就违背了产品经理的基本常识。

360 也曾研发过智能路由器，为其设置了很多现在看来依然很有意思的功能，也为其配上了 App。但是我们后来发现，路由器仅是在最初设置时需要拿近使用，一旦设置完成，路由器离用户的距离非常远。很多用户会将路由器放在墙角、电脑桌下边，或者某个柜子的后面，压根儿不会用太多时间去打开这个 App。

再比如，有位产品经理做了一个万用遥控器，可以用红外线遥控家电，再用手机去操控这个遥控器。

这些案例听起来可能十分可笑，但是在智能硬件市场，类似这种"为了智能而智能""为了 App 而 App"的案例屡见不鲜。包括 360 在内的很多企业都把智能硬件想得过于简单了。事实上，如果你的产品不能把真正人工智能的东西连在一起，仅仅是在某个传统硬件设备上加上一个智能系统，是不能称之为智能硬件的。当前市场上，80% 的智能硬件都是虚假的，都只是套了智能硬件的名头而已，并没有给用户带来感受上的真正提升。

做产品，方向非常重要，如果你做的是虚假的方向，到最后可能一败涂地，所有产品经理都必须对此心中有数。我是一个产品主义者，坚信没有用户价值就没有商业价值。对产品经理来说，在几乎每个角落都能接入互联网的时代，我们能为用户解决什么问题、创造什么价值，这才是真正的关键点。

当前智能硬件市场最大的问题不在于外部竞争。甚至就连一些智能硬件的巨头也犯了一些初级错误，研发了一些不是刚需、无法解决用户痛点、使用频度很低的产品。显然，这样的产品很难取得成功。

做智能硬件其实和做其他产品一样，都要回到用户的原点，没有体验的产品很难有生命力，只能靠营销来堆砌数字，我认为这是很多智能硬件企业应该反思的问题。

我确实不是做硬件的专家，坦率地说，在做硬件包括做手机的过程中，360 也交了很多学费。但是，如果刨去跟硬件本身紧密相关的东西，我觉得硬件和其他所有产品一样有其共性，这个共性就是我反复强调的用户需求。

奉劝各位产品经理，当你要做智能硬件时，请先将自己当成一个"小白用户"，多去观察普通用户的习惯。用户的习惯是很难改变的，而产品经理要做的是为用户带来更方便的体验，帮助他们解决原本十分困难的事情。

智能硬件＋云端的人工智能

我认为真正的智能硬件，一定要与云端人工智能的大脑和服务紧密结合，否则这个硬件只能算是一个传统的硬件，与原来的硬件功能相比没有本质上的改变。我曾说过，"重新发明轮子的时机到了"。这句话本身没问题，确实可以重新发明轮子了，但绝非在硬件产品上安装智能芯片这样简单。

其实，所谓智能硬件，在很大程度上只能算是智能服务与用户之间的窗口和桥梁，在现有科技条件的制约下，比如硬件本身的 CPU（中央处理器）和存储能力等，硬件自身不可能承载太强大的智能功能。因此，真正的人工智能应该置于云端之上，无论是语音识别、自然语言理解还是图像识别等。只有连接云端，有了人工智能的技术支持，智能硬件产品才能产生革命性的变化。让我们来看看 360 研发的几款产品，或许你会更深刻地理解什么是真正的智能硬件。

先来看看 360 儿童手表。我们的产品经理为第三代儿童智能手表添加了通话功能。但从根本上讲，这种功能只是手机的附庸。因此，我们又在手表中加入了语音识别功能和人机对话功能，将手表这两种功能连起来以后，360 可以通过云端的智能处理器将孩子所提问题汇总成表，发给他的父母，让父母时刻都能了解孩子的想法。通过这种方式，我们创造了一个窄小但实用的场景，让孩子可以跟这款手表背后的人工智能交流，给孩子带来与使用其他同类产品完全不同的感受。

360 智能摄像机也是如此。考虑到很少有用户希望将自己的家布置成一个监控中心，所以我们为智能摄像机加装了人脸识别功能。如果家里来了陌生人，360 的云端人工智能便会进行识别，一旦发现与已存储人脸信息不符，就会自动通过智能摄像机拍下照片，并将之发给主人。如此一来，用户家庭的安全系数便能够得到有效提升。除此之外，如果家里的孩子和老人在生活起居中出现了异常情况，人工智能也能够自动识别，并将异常情况通报主人。

现在看来，智能手机算是具有革命性的智能硬件。在智能手机普及之后，很多传统的设备都被革去了"性命"，消失在历史的尘埃里，比如 MP3、MP4 等播放器产品。然而，除了智能手机，当前我们见到的硬件产品中，算得上智能硬件的寥寥无几。像那种在电饭煲、微波炉上加装智能芯片的硬件产品，其实只是让硬件连上了网络，在表面上为产品增添了新的卖点。这连颠覆性创新都算不上，更遑论"智能革命"。

在移动互联网之后，一定会出现更加智能的互联网，即人工智能的互联网，也就是 IoT，直至万物互联。关于这一点，李开复先生在《人工智能》一书中做了较为全面细致的阐述，我对此十分认同。人工智能与智能硬件是特别天然的结合，它能让硬件产品产生脱胎换骨的革命性变化；智能硬件也一定要与人工智能结合，才能无处不在。

智能硬件交互任重道远

自 2017 年开始，国内智能硬件市场上对智能音箱的关注度飞速提升，几家大厂先后推出自己的智能音箱产品。而在此之前，国外巨头包括谷歌、亚马逊，也都已经推出自己的智能音箱产品，尤其是亚马逊的 Echo，2016 年的销量超过 1400 万台。

为什么智能音箱产品在所谓智能硬件元年过了两三年之后才火起来？其实火爆的并不是智能音箱产品本身，而是智能音箱背后的语音助手，比如亚马逊的 Alexa、苹果的 Siri 等。

前面我讲了一个智能灯类产品的案例，这类产品通常需要用户去找手机、打开 App，然后才能开灯。这个过程的体验差在哪里？交互方式。

我们和电灯原来的交互方式是通过墙上的开关，如果是床头灯，直接伸手就能够到了，智能灯反而把这个交互方式复杂化了。

类似电灯这类的产品智能化，与手机电视不一样，是没有屏幕的，因此最好的交互方式应该是语音交互。

苹果公司旗下的智能语音助手 Siri，目前已经支持自然语言输入、实时翻译等多种功能，可以让一定版本以上的 iPhone 手机或 iPad（平板电脑）变身为智能化机器人，听上去十分酷炫。

此外还有亚马逊的 Alexa，我国现在也出现了各类语音识别技术和应用软件，智能语音助手品类已经非常之多。可是即使技术已研发多年，甚至有公司表示其产品的语音识别能力已经可以媲美人类，但至今语音交互也没能成为主流应用。

原因有两方面。

第一个是语音交互还不太符合人们的使用习惯。智能手机上的很多输入法现在已经支持语音输入，并且效果还不错，但绝大多数用户在掏出手机后，最大的习惯不是对着手机说话，而是用手指触摸。我们还没有形成对着手机说话这类使用习惯，而且如果是在公共场合，由于要保持素质，也不适合大声讲话。

今天的很多年轻人会选择在网上订餐，但很少有人在订餐前便已经考虑好要吃什么。他们会打开一个订餐的 App，根据相应推荐进行选择。在购买火车票或飞机票时也是如此，触摸、点击、滑动才是最习惯、最直接的人机交流方式。

当然，使用习惯不是语音交互没能成为主流应用的主要原因，主要原因是当前语音交互技术仍然存在较大的应用障碍。虽然目前语音识别技术已经可以说比较成熟，用户说的标准官方语言如普通话、英语，甚至部分地区的方言，语音识别软件都可以快速识别并转换成文字，但是，语音识别只是语音交互的基础，语音交互更大的挑战在于语义识别。而语义识别，对于当前的人工智能技术来说，与人类自身还存在巨大的鸿沟。

举例来说，我和智能语音助手说一句话："这是一本讲极致产品的书。"智能语音助手能够理解的是这些文字，分别是"这""是""一本""讲""极致""产品""的""书"。每个字或词，它都可以识别出来，可能根据"吞下"的词典，也大概知道"书"是什么，但是，它一定理解不了"讲极致产品的书"是什么书。

而智能硬件，比如智能空调，如果我在家比较热，我希望当我说"屋里好热"时，它能够自动调节温度；但是如果我说"屋里好热，可是孩子感冒了"，它就难以理解我后半句话的意思是不用调低温度了。

这是当前语音交互领域面临的最大挑战。

受技术限制，当前的智能硬件的用户交互体验也不十分完美，反应较慢，用户经常需要耐心等待人工智能的回应，一个回合一个回合地与人工智能交流，会磨蚀用户的耐心，这明显违背了人性。

另外，如果我们想让人工智能认识猫这种动物，可能需要让其浏览101万张猫的照片，这就意味着人工智能需要大数据的鼎力支持。在互联网和大数据的相关积累不足时，数据基数也不存在，智能硬件的用户体验便会受到很大限制。

因此，在智能硬件的交互设计工作上，无论是创业者还是巨头公司，都还有很长的路要走。

　　瑕不掩瑜，即使智能硬件确实存在各种问题，暂不可能在一两年内就改变世界，但我始终认为它是未来发展的大势所趋，也是 360 重点关注且始终践行的产品方向。

智能硬件不可免费

我一直强调互联网软件可以免费，360也正是通过"免费模式"打破了国内杀毒软件的旧有格局，一举奠定了行业内的地位，原因何在？这是因为我们研发一款软件产品的成本，相对而言较为固定。越多人使用，边际成本（每一单位新增生产或者购买的产品带来的总成本增量）就越低。如果使用人数达到上百万、上千万乃至上亿，边际成本甚至有可能趋近于零。当你拥有"免费模式"带来的海量用户之后，便可以为他们提供广告或其他增值服务，从而实现商业变现。

后来，有人将"免费模式"应用于O2O（线上到线下）领域，现在看来无疑是失败的。对于O2O来说，一个免费甚至带有补贴性质的产品，它的边际成本不固定，比如产品本身的物理成本、快递送货的物流成本、制作过程的时间成本等，这些成本无法摊薄。当然有一些应用，比如滴滴出行或者摩拜单车，因为本身瞄准的是刚性需求，它们能够通过补贴的方式，慢慢在市场中形成垄断，最后收取一定比例的交易分账。然而，很多O2O项目并没有能力做到这一步——巨人眼中的"蚂蚁"，往往是蚂蚁眼中的"巨人"。这一点在智能硬件领域表现得尤为明显。

智能硬件的各个环节都有自身的成本。与软件产品一样，智能硬件产品的研发成本也存在"边际效应"。用户数量越多，单位研发成本越低。但除了研发成本之外，智能硬件产品还存在着物料成本、物流成本、生产成本以及营销和销售成本等，这些成本并不会随着销量的增加而明显降低。

某汽车厂家投入巨大的研发、配件、人力及时间等各种成本，历经千辛万苦研发出了一款互联网汽车。研发成功之后自然要面对量产和销售的问题，如果厂家坚持"免费模式"，打算用低于成本价甚至完全免费的方式进行销售，那么肯定卖一辆赔一辆。

既然销售的环节不挣钱，厂家必然会将目光投向广告或者其他赢利方式，然而这又违背了基本的人性。即使汽车免费，我觉得用户也难以容忍从打开车门到下车的整个过程中，到处都是广告的影子。

或许有人会问，如果我研发的智能硬件卖得非常好，获得了上百万的 App 用户，那么是否可以推行"免费模式"呢？一些比较成功的互联网软件产品确实可以在短时期内爆发，获得上百万乃至上千万用户，而产品的背后可能只需要一个不到 10 人的创业团队。但在智能硬件领域，问题并没有那么简单。如果某款智能硬件产品真的卖到了 100 万件，那便意味着企业拥有极强的供应链能力、质量控制能力以及物流能力。然而这些要求对于初创团队而言，实现的难度相当大。假设你的团队确实拥有这些能力，已将某款智能硬件产品卖出了 100 万件，并获得了 100 万 App 用户，按理说成绩斐然，但事实并非如此。你会突然发现，与其他互联网软件应用产品相比，100 万的用户基数与规模远远不足以支撑该产品链条的稳定与后劲。

因此，我在 360 正式涉足智能硬件领域后，改变了一贯以来对于产品免费的看法：互联网软件产品确实应该免费，并一以贯之；而智能硬件产品需要有合理的利润空间。只有利润，才能让企业拥有持续的造血能力，才有能力支撑后续的研发，否则整个产业链都有可能出现严重问题。

我曾与美国一家著名芯片企业的首席执行官交流，并大力推广"免费模式"，建议他们的芯片也应该免费。这家企业的首席执行官在非常耐心地听我讲完之后，只问了我一句话："芯片免费没问题，但是我应该向谁要钱呢？"

当时的 360 还没有研发智能硬件，我对智能硬件的理解也不深入，因此觉得这位首席执行官的观念太守旧，完全没有意识到时代的变化。直到我们正式进军智能硬件领域后，我才发觉事情似乎并非如此，并对那时的理所当然深表愧疚。很多东西从伟大到谬误，只有一步。

基于这样的认知，我仔细反思了智能硬件的商业模式，想明白了以下三个道理。

1. 高端人才需要利润吸引

在你没有达到一定的用户规模、没有建立自己的互联网商业模式之前，你的硬件如果能够给用户提供更有价值的服务，你理所应当要从硬件赚到钱。如果业界的所有产品经理都觉得智能硬件不能直接实现盈利，转而投身于 App，就极有可能出现很多不符合人性的产品，比如做出喝水之前要用手机进行操作的水杯来。

2. 资本和渠道需要利润支撑

如今，智能硬件产品的功能越来越细分，消费者越来越看重所谓的"消费品位"，仅仅是网上一些简单的产品介绍，即使价格再低也不足以让所有消费者做出购买的决定。很多智能硬件产品需要用户亲自体验，并据此做出最后的选择。这就意味着，未来的智能硬件不可能完全甩开线下的渠道和推广，产品的成本并不局限于产品本身，渠道也占了很大部分。在产品不赚钱甚至免费的前提下，企业能做的无非是烧钱或者挤压上下游的空间，这种做法偶尔为之或许可行，但无法建立起良性的商业模式。

没有一家企业可以永远依靠资本的支撑。做企业不是做慈善，股东可以晚一点得到回报，但是绝不能没有。如果盲目烧钱追求硬件免费，却无法让股东和投资人看到盈利的可能，很快会让资本失去信心和兴趣，最终导致资金链断裂，企业"失血而死"。

3. 服务和体验需要利润保障

对于很多研发智能硬件的企业而言，最重要的还是回归商业的本质，思考如何将智能硬件产品的核心功能做好，获得超预期的用户体验。事实上，所有的人工智能、人工智能服务、连接云端以及智能芯片，都是为了让这个硬件的功能发挥得更好，而不是最后把这个硬件变成一个数据采集器或广告发送器。

很多企业在研发智能硬件时，过于参照大型互联网公司的游戏规则，盲目追求硬件免费，丢掉了硬件本身的体验，这无疑是一个非常大的误区。我在和创业企业交流时，经常强调创始人一定要有定力，不能随波逐流，盲目追捧大企业。要知道，那些大企业的决定在很大程度上受到了资本的影响。

因此，对于很多做智能硬件的企业来说，我的建议是忘掉一些资本的喧嚣，不要过于急功近利。事实上，智能硬件在合理利润的支持下，应该追求将用户体验做到极致，考虑怎样为用户创造一种与众不同、超乎想象的感受，让用户心甘情愿为产品买单，从而实现一个良性循环，为后续的升级产品打下扎实的基础。

不要跟"定位理论"作对

创业黑马的牛文文先生是我的老朋友，他创造性地提出了移动互联网时代的商业模式——重度垂直，我对此深表赞同。其实，智能硬件领域也是如此。在强大的竞争压力下，今天的智能硬件市场已经越来越难以出现新的巨无霸。你只有专注和聚焦于某一垂直细分领域，将其做深、做精，才能有机会脱颖而出。

世上没有全才，一个企业更不可能成为方方面面的专家，这涉及消费者的心智，也就是美国著名营销专家艾·里斯与杰克·特劳特提出的"定位理论"。里斯和特劳特认为，定位不是你对产品要做的事，而是你对预期用户要做的事。换句话说，你要在预期用户的头脑里给产品定位，确保产品在预期用户的头脑中占据真正有价值的地位。

在当今智能硬件市场中，用户的选择极为丰富。智能硬件企业需要看重的并非最开始的市场，而是让你的品牌在用户心中占据最有利的位置，使品牌成为某个类别或某种特性的代表品牌。这样当用户产生相关需求时，便会将你的品牌作为首选，也就是说你的品牌占据了这个定位。

其实，占据这种定位就是你的品牌成功的第一步，剩下的只是知名度大小的问题。所以，如果有人试图在一个智能硬件中塞入太多产品或功能，无疑违背了定位理论。

> 曾有位"雄心壮志"的创业者在跟我描绘梦想时说："我恨不得包下用户家里所有的事情，让用户在回到家后，喝着我的水，吸着我的气，充着我的电，开着我的手机，看着我的电视，用着我的鼠标垫。"

马云先生曾言："梦想还是要有的，万一实现了呢？"然而在我看来，这位创业者口中的梦想怕是没有实现的那天了。用户不会相信你在每个方面都是专家。不妨回忆一下，你家的电视跟空调是一个牌子的吗？答案在大多数情况下是否定的，因为电视有电视的专家，空调有空调的专家。你确实有可能在相关行业成为专家，比如空调和热泵，一个制冷一个制热，有着共通的原理，但你不可能包下用户的全部家庭生活——即使那位创业者真的能够做到，也没有消费者会相信。

在消费者的心中，每一类产品都有它的领军品牌，这是一种常识性判断。有些智能硬件公司试图将自己的产品线做得很宽广，我觉得他不是在跟竞争对手竞争，而是在跟"定位理论"斗争，跟消费者的智商斗争。

因此，我认为每个智能硬件创业公司真的不必过于在意与巨头之间的竞争，那些所谓的巨头，即使再有钱，产品也得一个一个卖。智能硬件创业公司真正的机会，在于找到一个垂直细分市场，以此为根据地，扎扎实实地占据下来，建立在用户心中的认知，不被其他企业抢占市场和用户。

在这一点上，360 的定位十分明确——我就是想将安全带进智能硬件行业。在 PC 时代，360 着力于保护用户的电脑；到了移动互联网时代，手机的重要性分外凸显，如何保护用户的手机和钱包的安全，便是 360 产品关注的重中之重；IoT 时代来了，我希望借助 IoT 的技术，实现从线上到线下的跨越，通过 360 的智能硬件产品，保护用户和他们的家人。

比如，为了保护用户的孩子，360 研发了儿童手表、儿童机器人和智能故事机；为了保护用户的家人，360 研发了智能摄像头；而 360 行车记录仪，研发的本意也是希望能够保护用户的行车安全。显而易见，360 做智能硬件的主线依然是安全。

《广州日报》曾经做过一个调查，在所调查的人群中，30% 的父母每天陪孩子的时间不到一小时。有 72% 的人认为，"六一"儿童节送给孩子最好的礼物是"陪孩子玩一天"。此外，全国每年有 4000 万 65 岁以上的老人摔倒，其中每 10 万人中就有 46 人因为摔倒而死亡。

在现代社会中，老人和孩子无疑是最脆弱的群体，往往也最容易受到伤害。有件事情给我留下了很深的印象：2014 年，浙江嘉兴有一对空巢老人双双离世，儿子打家里的电话没有人接，在匆忙赶回家后，才发现父母已经离世一个星期。这样的社会现实，仅凭 360 的微薄之力显然无法彻底改变，但至少我们可以让其有所改善。为此，我们研发了直连 Wi-Fi 的智能摄像机，用手机也能随时看到家里的孩子，还能跟他（她）聊天。如果你有心，也可以为自己远在外地的父母安装一个智能摄像机，随时了解他们的状况。

　　在中国，三四十岁的人大多是家里的顶梁柱，需要在外打拼养家糊口。人在江湖，则意味着身不由己，陪伴孩子、父母的时间越来越少。很多人一大早就得匆匆出门，直到夜深人静才能回家，到家一看，孩子早就睡了。一年 365 天，逢年过节才能回老家一两次看望老人，即使有孝心将老人接来同住，他们也未必住得惯。360 做智能硬件，不仅是保护老人和孩子的安全，防止悲剧再度发生，更重要的是将用户与家人连接在一起。有了连接，才能传递爱。儿童智能手表是其中的典型代表。

　　出于工作原因，我大部分时间不是在公司就是在出差，生活质量并不高。虽然我总是十分忙碌，但也经常会忍不住放下手里的事儿，想知道孩子在哪儿、在干什么。推己及人，我相信这肯定是天下所有为人父母者的普遍愿望，于是我们为第一代儿童智能手表增加了定位功能，推出了能够让用户即时知道孩子位置的第二代产品。

　　当然，仅仅知道位置只是第一步，用户真正想要的其实不是知道孩子的位置，而是知道孩子是否安全，以及经常与孩子进行沟通。于是，在第二代儿童智能手表的基础上，我们又加上了双向通话功能，让用户能够听到孩子的声音、跟孩子说话。这样一来，父母自然放心了许多。

360儿童手表仅是360众多智能硬件产品中的一个，我们希望通过这些智能硬件产品，为用户带来安全感，实现安全、爱和连接。

360在安全领域的不懈努力，未来将向两个方向发展：一个方向是企业安全和国家安全，研发能够有效防止黑客入侵和网络攻击的预警系统及防御系统，这类产品偏重于软件层面。有国才有家，这个方向是360的责任所在，对此我们义不容辞。另一个方向则是面向普通用户的，每个人都需要生活、人身和出行的安全，360在未来会研发各种各样的智能硬件产品，但不会特别发散，通常情况下都会紧扣安全的主线。

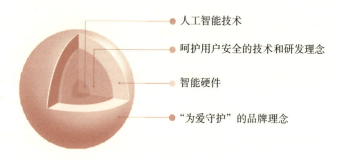

人工智能技术

呵护用户安全的技术和研发理念

智能硬件

"为爱守护"的品牌理念

360硬件端战略路线图

　　今后，除了不断巩固自身在网络安全领域的优势，360 还将致力于将人工智能与智能硬件以及短视频等内容层面进行结合。特别是在硬件端，360 将以基于 360 搜索大数据优势的人工智能技术为核心，运用人工智能技术呵护用户安全（泛安全概念）的技术和设计研发理念，实现对万物互联下的智能硬件的研发生产，并最终以"为爱守护"的品牌理念将产品带给广大用户。

第 5 章

产品经理成长之路

用户需求和用户体验是一个合格的产品经理必须关注的两
大关键点，然而这只是第一步。只有厚积才能薄发，产品
经理确实没有什么捷径可以走，你能做的，只有竭尽所能、
精益求精。

忘掉完美，拥抱极致

追求极致是产品经理的题中之义，但极致绝非完美，很多人将这两个词弄混了。完美对应的自然是无瑕，但毫无缺点的产品理论上并不存在。别怕产品有缺点，就怕产品没亮点。一招鲜吃遍天，产品亮点带来的自然是用户超出预期的体验感，这样的产品才是我眼中的极致产品。

为了区分极致和完美这两个概念，在本章内容开始之前，我先举两个产品经理耳熟能详的案例加以说明——魔兽世界和微信。

业界有句流传颇广的广告语，叫"暴雪出品，必属精品",略有夸张但大致属实。暴雪公司的产品经理们一向秉承"要么不做,要做就做到最好"的产品信仰,每一次产品发布都能引发业界震动,这一点颇似乔布斯时代的苹果公司。

魔兽世界是暴雪公司重金打造的现象级产品,甫一推出,万人空巷。"人都去哪里了?都跑到网吧玩魔兽世界了",这句话虽有调侃的成分,但魔兽世界确实改变了网络游戏的发展进程。暴雪公司的产品经理们用宏大精美的虚拟世界和引人入胜的游戏机制,几乎将每一个细节都打磨到了当时的极致水平,完美地诠释了"完美"的含义。

当然,这只是狭义上的完美,随着技术水平和网络环境的不断进步,现在再看魔兽世界的最初版本,依旧存在各种可提升之处。在互联网行业中,完美从技术层面来讲并不存在,彼时的惊艳绝伦,现在看来不过尔尔。真正完美的是暴雪公司产品经理们那种打造极致产品的信仰,无论时代如何变迁,这种信仰依然熠熠生辉。

与此同时,时代变了。移动互联网技术带来的最显著的变化之一就是快,我们可以用 12 个字来概括当今的时代格局,即"快得始料未及，变得超出想象"。PC 时代的产品经理们可以十年磨一剑，移动互联网时代却奉行快速迭代法则。速度跟不上，只有死路一条。在这样残酷的市场环境中，产品经理们务必将目光从完美转向极致，不要怕产品有缺陷，只要能在某方面做到极致、有能够打动用户的亮点，就能在激烈的市场竞争中筑就强有力的壁垒。任何时候，都不要奢望自己的产品能够实现完美，能够让所有客户都赞不绝口，一定要学会从"完美病"中抽身。

英特尔公司前总裁安迪·格鲁夫先生在《唯有偏执狂才能生存》[①] 一书中有这样的论断："世界既延伸又拉近，既垂直又水平，既协力又竞争。而时间，不保证任何企业或个人的成就。上一个小时造就你的因素，下一个小时就颠覆你。无论企业，或是个人，都必须掌握这个节奏，否则，就接受灭顶。"对此观点，我深以为然。

微信经历了一次又一次的快速迭代，而每一次迭代，张小龙都让世人眼前一亮。语音、视频、图片免费转发，

[①]　安迪·格鲁夫. 唯有偏执狂才能生存 [M]. 安然、张万伟，译. 北京：中信出版社，2014.

它让传统社交纵深发展；遥控电视、空调、洗衣机，"微信是一种生活方式"的愿景正越发清晰地体现；移动支付、客户关系管理、数据存储，微信成为继 PC 之后，又一个深刻改变信息入口、影响数亿人生活和工作、颠覆传统商业模式的新发明。

每一个版本的微信都有其局限和缺点，但这并不妨碍微信成为一个伟大的产品。如果张小龙和他的产品经理团队纠结于整个产品的一次到位，恐怕早已被其他 IM（即时通讯）产品取代，现在的微信帝国自然也无从谈起。

甲骨文公司总裁拉里·埃里森说道："千万不能把产品做得十分完美之后再推出，这样的产品肯定是不能赚钱的。"的确，完美的产品需要的时间和精力都太多，容易错过迅速占领市场的时机。市场永远不会等待你长大，作为移动互联网时代的产品经理，你能做的就是竭尽所能，让产品拥有鲜明的个性特征和某些亮点，给用户带来超预期的产品体验。唯有在短时间内集聚大量用户的极致产品，才能在激烈的竞争当中生存下来。

北京电影学院和中央戏剧学院每年的毕业生中有很多

漂亮女生。在我眼中，这些女生确实好看，但她们好像都是一个模子刻出来的，大部分人我都记不住。我能记住的是姚晨这样的女生，她不完美但有鲜明特点——有一张朱莉亚·罗伯茨一样的大嘴。

所以，我再三强调，产品经理不要想着面面俱到，将什么都做到最好。你只要做出能够抓住用户的一个闪光点，用户就能原谅你的很多缺点。

需要注意的是，以上观点针对的是软件产品，软件产品和硬件产品有着天然的基因差别，如果你从事的是硬件产品的开发工作，则需要在现有条件允许的范围内，尽最大可能做到最好、最完美。原因有二：

1. 用户的使用成本较高

软件产品的使用成本较低，很多软件产品都可免费下载，这就意味着用户的迭代成本趋于零；而硬件产品的迭代成本十分高，每次更新换代都需要用户投入真金白银，用户自然会考虑性价比。

2. 开发周期较长

软件产品的升级周期很短，可能开发团队熬一个通宵即可完成，用户在第二天就能够下载新版本；而硬件产品要想进行更新换代可不是一件简单的事情，从研发到试用再到量产，要打通工业设计、元器件选择、材质选择、质量控制、供应链选择等诸多环节，没有半年时间很难实现。

基于以上原因，硬件产品经理们在研发产品时应尽可能做到当前技术条件下的尽善尽美，至少没有明显的短板和硬伤。否则，你可能无法承受二次开发带来的严重后果。

事实上，很多事情并没有你想的那么复杂，包括 360 产品的设计。我只是想将我的产品做到极致，这是我唯一可以依赖的东西。360 在争议中成长，用户认可是我们生存的唯一动力。

脸皮要厚，不要怕挨骂

掌握了发展的产品观后，你会发现这世上没有任何产品能够做到完美无缺。产品经理们追求的应当是某一方面的极致，绝非完美。既然产品存在缺陷，我们就要有勇气承受用户的各种不满情绪，用开放的胸怀倾听客户的抱怨甚至谩骂。这意味着产品经理需要有一颗粗糙的心。说得通俗一些，产品经理的脸皮一定要厚，不要害怕被人骂。

读研究生时，我曾经研发过一款防病毒卡。光研发填不饱肚子，而销售则意味着不可避免地会和用户直接打交道。正是这次销售经历，让我深刻地明白了一个道理——挨骂是产品经理的必然经历。

由于我的个人经历比较顺，从本科到研究生都是保送，是生活在象牙塔里的天之骄子，还拿过"挑战杯"全国大学生创业计划竞赛的二等奖，因此，我骨子里颇有些骄傲和自负。但当我为了销售产品低下骄傲的头、和那些用户打交道的时候，才发现挨骂是一件不可避免的事情，用户对你的产品不满意自然会骂你——你的软件怎么这么烂？你怎么会犯如此低级的错误？

刚开始挨骂时，我心里十分难受。作为产品的研发者，这种赤裸裸的谩骂无异于在我脸上直接扇了几个耳光，生气是难免的，按捺不住时甚至想要反唇相讥。我的这种体会可能会引起一些产品经理的共鸣：你会感觉用户很傻，甚至有些不可理喻，产品已经免费提供给他们使用了，却依然喋喋不休，没完没了地埋怨；你会认为用户没有耐心，会感到委屈——你明明开发了 10 个功能，但只要有一个功能不好用就会被用户骂。

在世俗的眼光中，今天的我可能算得上是一个成功者。但是我很清楚，我只是一个经历过较多失败的人，我也是在用户的骂声中成长起来的，甚至曾被别人骂得狗血喷头。最极端的时候，有几家特别恨我的公司雇了成批的水军来骂我。当然，骂归骂，水军也不能纯粹造谣，于是他们用"放大镜"挑 360 产品的毛病，找到一个就大肆渲染。从这个角度来看，这些水军的进攻对我和 360 而言是最好的助力，我们如果能将产品做得更完善一些，让他们无可挑剔，找不到批评的切入点，自然也就能够赢得用户的青睐。事实上，对于挨骂这件事，不妨换些角度来思考。

1. 抱怨的人才是真正的买家

能直言不讳地指出你的缺点的人是你生命中的贵人；整天在你跟前奉承、时常把你吹上天的人，往往才是真正看你笑话的人。千万要有自知之明，不要随之起舞，否则会摔得很惨。没人批评你是件很恐怖的事，迟早有一天你会因为这一点而失败！

人人都爱听肯定、表扬的话，但是"忠言逆耳利于行"，对你负责任的人才会批评你，认为你"孺子可教"的人才会批评你，真心待你的人才会批评你，愿意操心劳力教你、带你、帮你进步的人才会批评你……

业界有句流传已久的名言，叫"抱怨的人才是真正的买家"。那些抱怨你的产品差的人，恰恰是你的产品的忠实使用者——大多数情况下，当一个用户对你的产品感觉不好时，会直接放弃它，而不是向你抱怨。批评你的人，都是关注你的人。因此，一旦有用户批评你的产品，你一定要珍惜。

2. 被批评并不丢人

有人认为受到批评是件丢人的事情，比较伤自尊，我觉得这是一个误区。如果出现小错误后不能及时修正，由小错酿成大错才是真正丢人的事情。是否接受他人的批评，与自尊没有丝毫关系。真正自尊的人，更要接收来自多方面的声音。通过这种方式既可以掌握分析事情的多种角度，又能拓宽自己的知识面，还能增强自己的判断力。

3. 兼听则明

世界上没有完美的产品，你的产品肯定存在这样那样的问题和缺陷，更好的解决思路往往隐藏在那些听起来刺耳的反对意见里。因此，面对批评应该持包容的态度，即使已经做得很好，也要多听取别人的批评意见，此所谓"兼听则明"。

如果一听到他人的批评，就急着替自己辩解，那你什么新产品都无法开发。正确的做法应该是在听到批评后做两件事：

第一，把你应该做的事情尽力做到最好，用事实说话，让那些对你有非议的人无话可说。如果你可以采取行动证明自己的做法是正确的，那么别人的指责和批评自然不攻自破；相反，如果确实是你的做法存在错误，那么，即使花费再多的时间和精力为自己辩解，也只能是做无用功。事实胜于雄辩，客户永远只会相信自己亲身经历的。

第二，和批评你的人进行交流，了解对方的想法和意见。所谓"当事者迷，旁观者清"，多听取别人的意见更有利于我们发现自己的错误。犯错并不可怕，可怕的是我们不能意识到自己的错误，所以，在听到批评后不要生气，也不要气馁，最重要的是去真正了解问题所在。事实上，这是一个学习和改进的好机会。

从某种程度上来讲，产品如同艺术品，需要长时间地打磨、尝试和试错。产品经理一定要拥有一颗粗糙的心去接受大众的非议，厚着脸皮听取用户的批评。错而能改，善莫大焉。

4. 偏听则暗

兼听则明强调的是尽可能多地听取来自不同方面的声音，然而需要注意的是，做产品要多听用户的批评意见，但是又不能完全被某些用户牵着鼻子走，此所谓"偏听则暗"。

"兼听则明"和"偏听则暗"的关系十分微妙，但并不矛盾。产品经理确实应该多听用户的意见，但不能将用户的意见简单地全盘接受，而是要将尽可能多的用户意见收集整理后，进行加工和思考。打个比方，甲用户希望你为他提供包子，乙用户想吃饺子，而丙用户要的是煎饼，你该如何是好？不同用户的表面需求大相径庭，但本质需求可以归结为一个主题——用户其实是饿了。弄明白这一点后，你就会发现看似完全不同的用户批评意见，可以用同一个改进方案解决——给他们一包方便面就好。用户要的不是你的产品，而是产品的使用效果。

360 在研发手机助手 3.0 版本时，曾经尝试更换 UI（用户界面）主色调——将 360 一直以来采用的绿色变成蓝色。结果在向用户征集意见时收到了铺天盖地的反对声音，80% 的用户表示已经习惯了绿色，对蓝色不能接受。

意见收上来后，产品经理脸色铁青地找我反映情况，说："周总啊，这事儿不能办，用户们不但不答应，还把我们给骂了，说我们瞎折腾。"或许是挨骂的次数太多了，我的心早已超然了（或许是没心没肺），我安慰产品经理别着急上火，并专门带他去了 798 艺术区拜访艺术家，和他们沟通哪种蓝色更能让人感觉舒服。

蓝色有十多万种，不同蓝色的含义和代表的调性也不尽相同。为找到适合 3.0 版的 UI 主色调，我们的产品经理团队历时两周进行专项讨论，对比了上千种色板，深入走访了东南亚多国，最终选定了马尔代夫蓝作为主色调，并将主界面做了一些简单的样式调整。发布新版本后，我们通过各种媒介向用户宣传马尔代夫蓝背后的含义，并再次征集用户意见——70% 的用户表示，对新版本的颜色非常满意。

对于这个结果，产品经理一脸无奈地跟我说："我们的用户太难伺候了，发布前说不喜欢，发布后又说喜欢。"我却认为是我们对用户的理解出现了问题。用户之前不接受是因为我们改变了用户的使用习惯。大多数人通常不太愿意接受已经熟悉的事情突然发生改变。常言道"人心思定"，说的就是这个道理。

以用洗衣机洗衣服为例，常规的流程是将衣服往洗衣机里一放，再按下按键，剩下的事情就交给洗衣机了。假设突然有一天洗衣机升级了，需要改变以上操作流程，即使洗衣效果能得到明显提升，也必然会让很多人不满："为什么改变操作流程？我觉得之前的流程挺好的。"但是，如果你将版本升级的原因以及花费的心血向用户解释清楚，用户至少会愿意为你的认真买单。

产品经理一定要拥有自己的独立产品观，不能百分之百地吸收用户的意见。要知道，没有一件产品可以满足所有用户的要求。你在研发一个功能的时候，一定要充分考虑其可能带来的副作用，不是做500个功能满足500个人，最后就能得到500个用户。苹果的产品也有很多缺点，只要在一点上做到极致，打动绝大多数用户，产品就有市场。

对老板负责还是对自己负责

在很多人眼中，工作只是一种等价交换的雇佣关系，自己只要达到产品经理的基本要求即可，工作的质量和标准都不会很高。如果一个人把自己看得太低，仅仅抱着"我不过是在为老板打工"的心态工作，永远不可能成为一个卓越的产品经理。

很多产品经理都应该自省：是在为自己做产品，还是仅仅执行老板或上级的命令？真的用心了吗？产品经理的心中一定要有一个"大我"——你不是在对老板负责，而是在对自己和产品负责。这种责任不是负担，而是产品经理应具有的信念。

1. 把自己当成打工者，一辈子都只能是打工者

产品经理们都应该问问自己到底是在为谁工作。如果不在年轻时弄清这个问题，不及时调整自己的工作心态，很有可能与成功无缘。与大家分享一个故事。

有个在贸易公司工作的年轻人向朋友抱怨自己的工作："我长期得不到老板的赏识，工资也是员工里最低的，打算辞职换一份工作。"

朋友建议他："君子报仇十年不晚，你不妨先静下心来认认真真工作，完全掌握公司的一切贸易业务，然后再霸气地告诉老板'我不伺候了'。这样既出了气，又学到了东西。"

年轻人听取了朋友的建议，一改往日的散漫，开始认认真真地工作起来，甚至常常加班研究商业文书的写法。

一年之后，朋友对他说："你现在已经对公司的业务非常熟悉了，完全可以拍桌子不干了。"

年轻人说："不，我现在已经是公司副总了，老板对我非常看重，不但给我升职加薪，更是对我委以重任，同事们也都很敬重我，我为什么要离开？"

　　360 从来不需要打工者！我常常跟新入职的员工讲："你们来 360 公司的目的是学习新知识、掌握新能力。要想成功，能力才是最重要的。360 公司只是一道门，现在它向你们打开了，但你们能走多远，要看你们能锻炼出怎样的脚力。"

　　能力不是混出来的，而是学习和锻炼出来的。大家不要以打工的心态在 360 工作，我不需要打工者。我希望大家来 360，是和我合作几年，在 360 做成一些事情。无论以后是否还在 360 工作，大家都能够在能力上有所提升，这就是我的期望。我希望员工能抱着一种给自己干的心态，积累知识、经验和能力，这也是我在这个行业里屡败屡战之后的深刻体会。

2. 成就感更重要

　　在公司做事，一定要争取把小事做成大事，并且从中收获成就感。如果有一天你从产品经理变成了创业者，或许能赚更多的钱，但不一定能拥有更大的成就感。人的一生不一定能干成某一件大事，但是一定要去追求，或者和别人一起"干一票大的"。我更希望 360 的员工都能骄傲地说："我让中国互联网更加安全，我颠覆了一个时代，我创造了一个新的网络安全的时代……"

　　只有抱着"为自己工作"的心态，承认并接受"为他人工作的同时，也是在为自己工作"这个朴素的人生理念，才能心平气和地将手中的事情做好，最终获得丰厚的物质报酬，赢得业界的尊重，实现自身的价值。我常常教育360的产品经理们："永远对自己的产品保持挑剔的眼光，充分调动自己，努力将产品做到极致，让产品在市场上获得成功，给自己积累声望和人脉，更重要的是积累经验教训。"

实事求是地说，在每次设计新产品时，我并没有太多的窍门，唯一能做的就是用心、用心、再用心！我每天都会花费大量的时间去倾听用户的需求、观察同行的竞品。

打个比方，如果你历尽千辛万苦终于在一线城市买了套房子，你肯定每天都会花费大量时间在网上搜索装修的相关信息，到建材城和商家斗智斗勇。相信过不了多久，你就会对瓷砖、灯具、马桶以及家具的价格、材质、种类等情况了如指掌，甚至成为一个装修专家。原因何在？就因为这是你自己的房子，你希望能够将它打磨到极致。

我相信，如果一个产品经理能拿出装修自己家的精神做产品，没有理由不成功。因此，产品经理要像对待自己的孩子一样对待自己的产品，对每一个产品负责，敷衍了事必然失败。

忘我，打破"成功的幻觉"

曾有人一脸神秘地对我说："老周，我要教你一个方法，凭借它你可以击败腾讯。"对这种说法，我向来嗤之以鼻。如果真能成功，想教我方法的人早就去做了，而事实上腾讯至今屹立不倒。毫无疑问，他要教给我的是些投机取巧的方法。《孙子兵法·兵势篇》中说："凡战者，以正合，以奇胜。"没有"正合"，成天想着如何出奇制胜、一招制敌，无异于无本之木。

这个道理放到产品角度同样适用。作为一名产品经理，只有当你有了足够的积累之后，才能有高度、判断力和方向感。失去这一前提，你现在的方向感可能仅来自非常狭窄的个人感受，或者在网上看到的公关稿和各种"头条"，不能代表广大"小白用户"的想法，很可能已经误入歧途。

在很多年轻人心中，往往有很多梦想。当年我也是如此，心高气傲，去哪里都是一副"指点江山，激扬文字，粪土当年万户侯"的气势。然而，理想很丰满，现实却过于骨感。很多你眼中的问题和你并无关系，你也无法真正改变它。

我曾在北大方正工作过一段时间。当时的我已经有过几年社会经验，自己创过业，也做过几个项目，还获得过"挑战杯"全国大学生创业计划竞赛的二等奖，自我感觉十分好。因此，在初入北大方正的一个月里，我几乎每天都在各个部门"指导"别人应该如何做事，现在想来颇为幼稚。后来，估计老板实在看不下去了，出言点醒了我："你来公司的目的是学习，应该考虑的是如何脚踏实地干好一件事，向大家证明自己。"一语惊醒梦中人，我接受教训，真正将心沉了下来，开始学习如何做事。

在北大方正的 4 年时间里，我学到了很多东西。当发现这个平台有一天已经无法满足我的需求、不能继续实现我的产品梦时，我就跳出来去做自己想做的事情了。我十分感恩在北大方正的那段日子，没有那 4 年踏踏实实打下的基础，我是不可能进入互联网行业的，也不可能积累做产品的经验、掌握做技术的能力。当然，大家也就看不到今天的 360 了。

基于这段经历，我一直主张年轻人在刚进入一家公司时，最重要的是充分利用好时间、精力和其他资源，把安排给你的本职工作做好，把每一个产品和技术做好。这能为你未来的社会交往和职场生涯夯实基础，成为你日后指点江山的资本。

华为公司有一个非常典型的例子。有一个新员工刚入职便给任正非写了一封信，指点华为应该如何去做，否则将面临倒闭危机。任正非在看到信后的第一反应——这个人是不是精神不正常。

华为公司是我十分敬佩的本土企业，任正非也是我十分敬佩的企业家和老大哥，我一直在各种场合倡导学习华为文化中对我们有益的东西。华为有一种理念叫"小建议，大效果"，员工在提出建议时要结合身边的点滴细节，这样的小建议才能对企业产生真实的效果，而不能过于自我，刚入行便想指点"大佬"如何做事。

中国有句古话叫"知易行难"，人们总习惯于为别人指出错误，自己却很难做得正确。比如，我们可能会批评某个餐厅的菜非常难吃，自己却连最简单的炒土豆丝都不会。对产品经理而言，磨炼自己的实力是万里长征的第一步，切莫自以为是。脱离个人实力的大前提，一切都是空谈。如果一个人连武功的基本招式尚且没有掌握，便妄图成为将军，指挥千军万马，显然不太现实。因为你没有足够的能力，也就抓不住成为将军的机会，梦想再大也只是徒劳。

我在选择投资对象时的首要标准，就是看他是否承认自己还存在问题。如果这个创业者特别固执、自负、自以为是，那么无论他的商业计划书写得多么天花乱坠，无论他的口才多么了得，我也绝不会投资。这样的人即使因为运气取得了一些成绩，最终也很难将企业做大。做产品，自以为是同样是大忌。

在很多人看来，我是做产品的高手，其实我是久病成医，摔的跤多了，自然明白坑在哪里、坑有多深。在我眼中，所谓的产品经理就是通过很多不成功的产品，最后磨炼并总结出一些经验教训。要想在产品这条路上走得更远，要想打磨出让自己满意、让世界惊艳的产品，先得做到以下两点。

1. 忘我，做产品的旁观者

很多人都有"我认为"的口头禅，请记住，你认为怎样并不重要，重要的是"小白用户"认为怎样。很多时候，限制产品获得更大发展的正是产品经理的自以为是。

你以为"你以为"的就是你以为的吗？大多数用户不会按照行业专家的想法去评价产品，也不会按照产品经理设计的逻辑去使用产品，用户有自己的一套逻辑，也就是我所说的"小白逻辑"。作为一个产品经理，无论你多么有经验，都要学着将自己的心态放平，忘掉自己，把自己想象成一个没有耐心、脾气很暴躁、在电脑和手机操作方面不太灵光的"小白"，像一个旁观者那样重新审视自己的产品。放空自己，才能装进新的东西。

在研发 360 行车记录仪时，关于是否要设计屏幕这一问题，360 内部也曾有过争论。有些产品经理认为屏幕华而不实，不仅成本高、能耗大，而且屏幕很小难以看清信息，还会对司机产生不必要的干扰，完全没有设计的必要。乍听颇有几分道理，也说服了不少人，但我始终认为，这种想法过于自我，没有考虑"小白用户"的想法，原因有二：

首先，在安装行车记录仪时，一定要对准正前方，校正是个很大的问题，需要屏幕的配合。如果将行车记录仪直接和手机相连，用手机充当屏幕，则需要一个相当烦琐的过程，会严重影响用户体验，而为行车记录仪设计个屏幕就可以很好地解决这个问题。

其次，行车记录仪需要每时每刻都在工作，为了节能，会在开启至预定时间后自动熄屏。即使我清楚地了解它的这个功能设定，也会在每次熄屏后，担心它是否停止工作了。我尚且如此，更何况那些完全不了解内情的"小白用户"？屏幕的存在则可以直观地告诉用户，行车记录仪是否在正常运转，让用户得以随时确认。

我一直认为，没有车的产品经理不适合开发行车记录仪，因为这样的人无法实现"小白用户"的同理心，无法忘我地用一个普通司机（切记，不是老司机，而是"新手司机"）的心态去思考。同样，我也认为没有孩子的产品经理，根本就不适合研发儿童智能手表。

2. 克服"成功的幻觉"

中国的互联网用户基数十分庞大，随便一个小网站或者一个软件，就可以很轻松地获取 10 万用户的关注，这在西方一些国家是难以想象的事情。假如在 10 万关注群体中，有 1% 是你的粉丝，你的产品就拥有了 1000 个粉丝。这 1000 个粉丝平均 10 天点击一次你的网站或者使用一次你的软件，一天就有 100 个流量。如果每天都有 100 个粉丝夸你，极易让人陷入一种错觉，感觉自己下一步就可以登陆纳斯达克了。很多产品经理都栽在这一步，我将之称作"成功的幻觉"。

无论哪一个行业，新产品都会存在各式各样的问题。通常，产品的第一批用户都是猎奇者，具有好奇心，乐于接受新事物、新产品，同时对新产品的不完美也有较大的接受度。

因此，在一个产品刚起步时，即使不喜欢，也很少有用户直接提出负面意见。但当产品进入市场，有了第一拨用户群并在随后有了更大的用户基数之后，再加上每个人对产品的接受程度不一，你会发现有些用户确实因为喜欢产品的某项功能而使用该产品，但也存在有些用户并不喜欢某项功能却不得不用的情况。直到此时，你才能听到各种各样的意见。粉丝和水一样，可载舟，亦可覆舟。

最后，我想告诫大家：永远不要翘尾巴，永远不要得意，永远要抱着一种战略精神——你离中国最主流的用户群还很远。请仔细观察一下你身边的普通人，看看他们是否在使用你的产品，如果他们不用，那你的产品离成功还差得很远。

保持好奇，"折腾"不止

经过 20 年的发展，中国互联网行业出现了很多"大佬"，当然也有不少人这么称呼我。初听到这样的评价，说实话略有些骄傲，但更多的是惭愧。我一直不觉得自己是"大佬"，我只是一直在"折腾"而已。

360 在进入手机市场时，并没有赶上好时候。很多人不理解，说智能手机都已经是红海市场了，360 也已经是一个非常成功的企业，拥有了海量客户，为何还要到手机市场里分一杯羹？为何还要一而再、再而三地"折腾"？

要知道，移动互联网技术飞速发展，相关产品快速迭代，创新无时无刻不在改变着人类的生活和商业竞争。未来移动互联网的中心不一定是智能手机，也有可能是智能汽车和智能手表，还有可能是现在的我们根本无法想象的其他东西。如果360仅仅甘于做旁观者和布道者，那么我们永远不可能有创新，永远不可能抢占潮头。

同时，智能手机的更新换代特别快，永远都无法彻底满足用户的所有需求。目前市场上的手机还有很多缺陷和可提升之处，有待更深入的开发研究并进行模式创新。因此，需要更多的专业人士投身到智能手机大潮中，这也是360坚定不移地进入手机市场的原因所在。

决定进军手机市场，其实只是我们在智能手机领域"折腾"的开始。我们的首款手机于2015年5月6日正式对外公布，定名为"奇酷"，其实这里暗藏着360在手机市场"保持好奇，折腾不止"的决心。

所谓"奇酷"，从字面上理解就是"保持好奇心，做出一款足够酷的手机"。其中，"奇"代表了我强烈的好奇心。我到现在这个年纪，依然保持着强烈的好奇心，这或许是我个人最大的优点，我喜欢尝试新鲜事物和探索未知领域。

对于很多人而言，最大的悲哀莫过于好奇心的逐步丧失。随着年龄的增长，我们的收获会越来越多，但是失去的也会越来越多。对于很多事，我们都变得司空见惯，甘于接受现状，甚至还美其名曰"成熟"，但实际上这叫"世故"。我希望每个人都能保持孩童时期的好奇心，只有这样的人才能真正做出一些创新型产品，才能真正改变这个世界。

在推出奇酷手机之后，我在 2015 年 6 月 8 日亲自操刀完成了对酷派"大神"手机的并购，开始进行奇酷品牌与大神品牌的双品牌运营。然而，这次品牌规划不算成功，很多人跟我反映我们的手机品牌有点乱。因为公司的母品牌是 360，大家一提起我做手机，自然把我和 360 画上等号，而现在却分为"奇酷"和"大神"两个品牌，把很多 360 的忠实粉丝都弄糊涂了。

与此同时，由于奇酷手机缺乏品牌知名度，我们还得用 360 为它背书，即 360 奇酷，这个名字太长，不利于传播。因此，我决定将所有手机品牌统一，回到 360 手机的品牌上来。

2016 年 3 月 21 日，我们在北京召开新品发布会，将奇酷、大神、360 统一称为 360 手机，并分为 F、N、Q 三大系列。其中，F 系列定位为舒适，性价比高；N 系列则定位为发烧友，配置高；而 Q 系列是由奇酷系列演进而来，它代表着科技，是最高端的旗舰系列。

我们在手机市场的反复折腾，并不意味着我们花了两年时间在做无用功。每一个成功的产品背后，都有无数人前仆后继地在这条路上探索。那些失败的产品即使没有得到市场认可，在战略上也仍然值得尊重。我经常给 360 的产品经理们讲"第 7 个馒头"的故事，在此分享给大家。

有个老头饿坏了，一连吃了 6 个馒头还没有饱，当他吃下第 7 个馒头时，终于说了声："我吃饱了。"于是，好事者开始研究这第 7 个馒头的做法和用料，想从中挖掘出让老头吃饱的秘密，却忘记了他之前吃下的那 6 个馒头。如果没有前面的 6 个馒头，第 7 个馒头不可能让老头饱。

我特别反对以成败论英雄。曾经有人向我吐槽谷歌公司的很多产品做着做着就没动静了，认为谷歌是在"瞎折腾"。我对这个观点并不认同，谷歌确实是在"折腾"，但绝不是"瞎折腾"。

能"折腾"是卓越产品经理必备的素质之一。创业本身就是在探索，时代在变，我们不可能几年、几十年都在做一种产品，所以 360 做免费杀毒、做手机、做手表……一直在不断地"折腾"。

很多时候，你做的事情不一定在当下就有结果。那些创新成功的公司，其实并不都是等到市场无比火热后再闯进来的投机者。真正风口上的那只猪，一定是在寻找风口的过程中，慢慢长出了翅膀。风起时"好风凭借力，送我上青云"，风停时凭借自己的力量飞得更高、更稳，甚至逆风飞扬。

华为手机近两年在市场上的表现可谓惊艳绝俗，后发制人。不为人知的是，任正非也是个喜欢"折腾"的人。华为公司早在 2003 年就成立了手机终端部门，至今已在行业内拥有丰富的沉淀和积累。

只有厚积才能薄发，如果没有反复"折腾"带来的经验积累，仅靠营销技巧打天下，无异于沙滩上的城堡：看似雄伟磅礴，实则缺乏根基。殊不知，营销的壁垒是最靠不住的，一旦这些技巧大家都学会了，企业的核心竞争力很快就会失去光芒，一个浪头打来便会踪影全无。

　　因此，我建议，如果没有能够承受反复"折腾"的大心脏，还是不要轻易踏入产品经理队伍中来。即使已经不是第一次研发某一领域的产品，也不可避免地需要反复"折腾"。这就好比女人生孩子，第一次生孩子要十月怀胎，第二胎同样需要十个月，绝对不会因为已经有经验就可以少怀几个月。

持之以恒，不要害怕重复

我记得有一幅漫画，画中有一个人要挖井找水，他在地上挖了很多深浅不一的坑，有的地方马上就要挖到水了，但因为他浅尝辄止，没有在任何一点上真正持久地挖下去，结果他一点水也没有找到。

这幅漫画至今令我记忆犹新。随着人生阅历的增长，我逐渐认识到这样一个道理：任何伟大的事情都是由很琐碎的、点点滴滴的事情组成的。产品经理要想做好产品，就要在一个点上形成足够的压强。很多产品经理始终在行业内默默无闻，他们缺少的不是策划能力和点子，而是持之以恒地将事情做得非常深入的能力。

所谓持之以恒，简单地说就是重复。美国的管理学大师马尔科姆·格拉德威尔被誉为"21世纪的彼得·德鲁克"，他的畅销书《异类：不一样的成功启示录》曾连续20多周雄踞《纽约时报》畅销书榜，我建议没读过这本书的产品经理都买一本看看。这本书中提出了著名的"10000小时法则"，通过分析很多有名的成功人士，格拉德威尔发现，无论是世界首富比尔·盖茨还是著名高尔夫球手泰格·伍兹，要想在某个领域成为杰出专家、成为高手中的高手，10000小时是最基本的投入。

我发现写程序也是如此。要成为一个合格的程序员，至少要写10万~15万行的代码。如果连这个量级的代码都没有完成，那说明你还不会写程序。运动员更是如此，无论是学跆拳道还是打网球，都有很多动作需要不断重复，可能每天都需要重复成百上千次。

有些年轻同事跟我抱怨：我每天的工作都是简单地重复，枯燥无味没意思。我个人认为，如果你觉得这种重复（仅是简单的重复）毫无必要，那你应该想办法优化它。很多计算机软件在设计之初，就是为了解决重复劳动的问题。但如果这种重复是必要的，比如像打球一样必须重复才能找到手感，那你就有必要深入思考一下，如何用你的头脑在这种必要重复的基础上形成有价值的积累，为你的未来打下基础。武侠小说中的大侠们在气沉丹田之后，能够击出势大力沉的一拳，非常厉害。但如果你连最基本的马步都还没有练扎实，一切都是空谈。

任何新的领悟与发现，都是在不断重复中得到的。

我曾在微博上推荐过一篇文章，叫作《我的助理辞职了》，相信很多读者朋友都看过。它说的是有个助理帮总经理贴票据的事儿。在多数人看来，这个工作既烦琐重复，又没有意义。但这个助理建了一个表格，把所有报销的数据按照时间、数额、消费场所等记录下来。时间一长，她就发现这些商务活动背后的规律，总经理没交代的工作她也能处理得很好。她对于重复工作的态度和在此基础上琢磨出来的方法，让她的工作不再局限于贴票据的助理工作，实际上拓展了自己的职业路径。

中国有句俗话，叫"勤能补拙是良训"。"勤"字，说的就是对重复的态度和重复的方法。我在早期创业时也做过很多重复的事，有时候也会厌倦、退缩，甚至想打退堂鼓。

那时，为了发展代理商，我一天要跑两三个城市，跟每个客户重复讲代理政策以及做代理的好处，最后累得几乎要虚脱，话都说不出来了。

我当时也不想干了，但此时我看到了专写娃哈哈掌门人宗庆后先生的《非常营销》一书。书中的一段话，恰恰描述的是他不厌其烦地在全国走访上千家经销商和代理商，一遍又一遍地讲重复的话，最终打动每个经销商和代理商。看完以后我颇受触动，抱怨的话再也不说了，接着去跑下一个城市。

很多事情都是如此，如果你放弃了，之前的努力便全都打了水漂；反之，如果你能够咬咬牙坚持下来，就有可能取得别人难以企及的成就。我是一个坐不住的人，但我在编程的时候比谁都能坐得住。别人顶多坐两三个小时就得出去透气吸烟，但我除了吃饭喝水，可以10个小时一动不动地坐着编程。即使有人在旁边玩游戏、看电影，我也能完全无视，全情投入手头的事情。

很多人只看到成功人士光鲜的一面，却没有看到他为成功做出的积累。前文中我说过"第7个馒头"的故事，当你吃了第7个馒头以后终于吃饱了，于是别人就开始研究你吃的第7个馒头是用什么面粉做的？为什么吃了这个馒头就饱了呢？他们没有看到你前面还吃了6个馒头，这6个馒头就是我提到的

10000 小时的积累。

　　管理学的经典著作《从优秀到卓越》[①] 中提到一个非常有意思的比喻：企业就像一个巨大而沉重的飞轮，无论是谁去推，这个飞轮都纹丝不动。但是只要大家咬着牙不放弃，坚持推下去，终有一天，在能量积蓄到一定程度之后，飞轮就会慢慢转动起来，拥有了自己的势能。如果继续推它，飞轮就会越转越快。360 公司每天都有无数琐碎的事，我也经常要开很长的会、要跟很多人谈话，每天要把讲过的话重复一遍又一遍。大家不要觉得自己每天做的事很枯燥，不要怕重复，我和大家一样，都是推轮子的人。

---

　　① 吉姆·柯林斯 . 从优秀到卓越 [M]. 俞利军，译 . 北京：中信出版社，2009.

第 6 章

优秀的创业者，
大多是优秀的产品经理

如果你是一名优秀的产品经理，就有机会在一个创业公司
成为一名灵魂人物，同时具备创业的可能性。如果你能够
做出一款几千万人都喜欢的产品，进而影响几千万人的生
活和工作，这比挣几千万元的价值还要大。

创业需要仰望星空，更需要脚踏实地

    2017 年 4 月，我回母校西安交通大学参加校庆活动。我和很多学弟学妹交流了大学时的一些事情，包括自己创业的故事。或许是我的故事听起来容易让人激情澎湃，不久之后便有一个即将毕业的学弟发邮件给我，说听了我的分享，觉得自己和我很像，有激情，有冲劲，现在他面临毕业，但并不想找工作，而是想创业，做一个影响力很大的产品。

    我觉得有创业精神是好事，人总要有点理想，于是就问他打算做什么产品，心想自己或许能为他提供些经验和帮助。结果这位小学弟说他也很迷茫，在网上看到很多人创业时找到了风投，融了不少钱，觉得这是一条不错的路子。但说到具体的产品方向时，他却完全没有概念。这件事让我陷入了沉思，觉得有些话不吐不快。

很多大学生在刚毕业时，会对这个社会产生很多不切实际的幻想。这或许是一种理想主义，比如要研发某种足以改变世界的产品，或者要创立公司赚大钱。我觉得，有些理想主义无疑是件好事，但同时要有现实主义的做事方法。正如在仰望星空的同时，仍需脚踏实地。

我的这位小学弟可能并不知道，虽然我在大学的时候便已折腾创业，也曾走南闯北地进货买材料，但我的"大学创业故事"还有后半段——大学毕业时，我并没有继续创业，而是进入了当时国内的一家大型软件公司方正集团，从最基础的程序员做起。

之所以做出这种决定，很大一部分原因是当时的我也陷入了迷茫。我在大学时真的是无所畏惧，觉得自己很牛，便义无反顾地创业，这也让我有机会更深层次地了解了创业的内涵。我发现创业是个大工程，对于当时的我来说有点不切实际。于是我决定先进入一家公司，从基础做起，学习了解一家真正的公司是如何运作的，为未来的创业打下基础。

很多刚毕业大学生的迷茫，往往来自不切实际的理想主义，也可以说是不切实际的幻想。什么都不知道，自然就会迷茫。我平时不经常跑步，如果突然让我去跑马拉松，站在起点时我肯定也会迷茫，因为我从没跑过这么长的距离，心里没底。但如果先让我跑 5 公里或 8 公里，我相信自己还是能够坚持下来的。如果让我坚持跑上几个月，再和其他跑过马拉松的人进行充分的交流学习，我相信马拉松对我来说就不会是问题了。

要想做到不迷茫，做事时就不应该设定脱离实际的宏大目标。创业是条艰辛的道路，如果目标过于宏大，与自身能力存在较大差距，自然无法找到实现目标的有效方法。比如我的这位学弟想要创业去做个影响全世界的产品，如果他真的这么做了，那么很快便会觉得失望，压力随之而来。看不到结果和希望的创业，对当事人来说无疑是种煎熬。

因此，我对这个小学弟的建议是：在保持一些理想主义的同时，更应该像王健林先生说的那样“先实现一个小目标”。王健林的小目标是一个亿，你也应该针对自身情况设定一个切合实际的小目标。比如，先找到第一份工作，并将之做好。

第一份工作，并不代表任何人的身价，也不代表任何人一辈子的职业，但一定是年轻人步入社会非常重要的一课。

　　从另一个角度来讲，很多人现在经常说"我要去创业""我要改变世界"，但你连养活自己的本领都不具备，如何改变世界？所以这无疑是一句空话。创业初期，不管是员工还是老板，都需要以一当十，创业者更是需要扮演多种角色。如果你在实际工作中连最基础的工作都无法胜任，比如，作为产品经理做不好产品，作为工程师写不好代码，作为市场公关写不好文案，那你凭什么创业成功？所以，一定要先做好你的第一个产品，编好你的第一行代码，写好你的第一个文案。

　　去找一份工作，把这份工作做得超出行业平均水平，超出其他人的期望，通过这份工作让自己学会一些技能，然后再去实现理想主义的目标，我觉得这才是年轻人初入社会时比较现实的做法，也是我鼓励一些优秀的产品经理走上创业道路的原因。

　　如果你能研发出一款脍炙人口的产品，就意味着你能够充分了解用户需求，并拥有解决用户需求的技术手段，不妨试试用你多年积攒的人脉和资源自己做些事情。要知道，那些优秀的创业者，很大一部分是技术出身。

聚焦，像针尖一样刺破现有格局

虽然过去两年的互联网有些无趣，但大家要有耐心。如果把互联网行业的发展与竞争比作马拉松，我觉得这绝不仅是一场马拉松，而是很多场。

互联网创业者，作为一个身在其中的"马拉松选手"，不应该只看到现在这几场比赛就觉得格局已定、阶层已经固化。的确会有些选手有优势，但格局总是会被打破的，一定会有新人不断打破原有的平衡与局面。

创业阶层固化只是短期现象，从长远来看，任何阶层都会被打破。我还记得在2016年下半年乌镇互联网大会之后，就有人提出互联网已经进入下半场，即将迎来"TMD"（今日头条、美团点评、滴滴出行）时代。没有人能知道 20 年后会不会真的是"TMD"时代，会不会有新的独角兽或者孙猴子冒出来。

从另一个角度看，传统的巨头们更加开放，不断地踩风口、插旗子，就是在担心自己被颠覆，担心自己的格局被打破。这说明，没有谁是不可能被颠覆的，大家都有软肋。

创业者们不需要担心的是，无论这些大佬现在是在站队也好，插旗子也罢，都阻止不了格局被打破。互联网发展过程中，真正能够阻止格局被打破或者能够打破格局的，应该是创新。

任何公司，无论是创业公司还是巨头企业，想要打破格局或是守住格局，就要有创新力，建立起属于自己的核心竞争力。否则，不管 to VC（利用风险投资发展壮大）还是 to AT（被阿里巴巴和腾讯收购）都是错的，开始创业就奔着 to AT 去，即使最终被插了旗子，肯定也不会得到用户的认可。

在过去几年中，风口出现了一个又一个，不管是 O2O 的补贴大战，还是满街投放的共享单车，我的确很少出现在其中。好多人说我是"红衣教主"，但我真不是，我没有建立商业帝国的心思，反倒是一直保持着创业者的心态，聚焦自己的方向，建立自己的核心竞争力。所以，我不会什么都插一脚，有些方向我也看不清晰。

360 是一家从安全起家的互联网公司，在过去的十几年中，安全一直是 360 最根本的基因。随着时代的发展，360 的业务从电脑安全领域逐渐拓展到手机安全、企业安全领域，从传统的线上安全延伸至线下安全。在此背景下，360 逐渐进入了泛安全或大安全的时代。

360 目前的战略是聚焦安全，安全是 360 安身立命之本，不吹不擂，而且我们已经取得了领先地位。不说远的，就说 2017 年 5 月的勒索病毒事件，我们几乎在一个月前就在全球首发了对 NSA（美国国家安全局）网络武器"永恒之蓝"的技术分析，也是全球首家推出 NSA 武器库免疫工具的公司。而在勒索病毒爆发当天，我们也是第一个发布预警的公司。

物联网正在把虚拟的网络世界和真实的现实世界连接在一起，网络世界的安全问题会直接给真实世界造成很大的影响。未来类似的网络安全事件可能会越来越多，相关事件也可能爆发得越来越频繁，网络安全形势将越来越严峻。

360 从美国退市回国的一个重要原因就是解决身份问题，即从国外的公司变成内资的公司。这样一来，我们就可以给政府、军队，也包括很多企业提供从网络安全到物联网安全的保护方案。网络安全是 360 一直关注的核心领域，为了妥善应对新形势下的新问题，360 做了许多积极且有益的尝试。

与此同时，360 还与美国的大学进行合作，投资了一个实验室，专门研究利用人工智能的方法使用机器来挖掘漏洞。未来，我们将在安全框架下解决一系列安全问题，从国家安全、社会安全、基础设施安全，到企业安全、个人安全，以至人身安全，这些是我们的整个安全业务布局。

1. 个人安全领域。在个人安全领域，前几年主要是防病毒，后来更多的是拦截诈骗电话和骚扰短信。由于国内移动支付很普及，手机一旦被攻破，机主的全部身家便面临风险，个人安全领域一直是我们的核心方向。

2. 政府、军队和大型企业安全领域。360 企业安全业务面向政府、军队和大型企业，提供网络防攻击的全新解决方案。

3. 物联网安全领域。在物联网方面，我们有大概 12 个实验室、上千名研究人员，研究物联网时代如何保护智能硬件安全。同时，专门投资了若干家公司推进安全的国际化。目前在国际市场上已有 4 亿多用户。

4. 生活安全领域。过去几年我们一直在探索能否将安全从网上延展到生活中。利用物联网万物互联技术，我们研发了多个智能硬件。比如，现在很多老人也会戴的 360 儿童智能手表、家用智能摄像机和行车记录仪等。

需要强调的是，在这一系列动作背后，是 360 多年积累的网络安全原创核心技术，是我们东半球最强大的白帽子 ① 军团技术实力的成果。这件事情不可能一蹴而就，需要沉下心来长期专注于此，而不是天天到各种场合宣讲。

我从不希望创业者变成"跑会"的创业者，创业不是跑会听导师讲鸡汤就能成功的。如果创业过程有问题，创业者应该找到能真正深入交流的机会去沟通。在 2016 年黑马学院为我开办的"极致产品实验室"中，我和一些创业者有过小规模的闭门交流，效果很不错，至少对我来说，这是一个很好的交流学习的平台，能够让我和今天的创业者离得更近，准确地触摸到他们的脉搏。

---

① "白帽子"即正面黑客的专称，这些人以发现并公布网站的程序漏洞为职业，甚至会破解一些恶意黑客程序来攻击他们的网站。——编者注

创新是企业的责任

我最喜欢的一句话是 think different，意思是无论你做什么产品，一定要找到一两个别人没有想过的创新点。

当年，360 义无反顾地投身杀毒软件领域时，市面上的杀毒软件还是明码标价的。试想，如果别人的杀毒软件标价 200 元，而我将 360 的杀毒软件定得便宜些，仅售 50 元，是否意味着 360 就能异军突起、快速突围？错！即使当时 360 的产品只要 25 元，也不会比其他竞争对手的产品销量更好。

原因何在？因为 360 不是第一个在中国卖杀毒软件的公司，彼时的市场几乎已经被别人占满了。既然做不了"第一"，那就做"唯一"好了。因此，我想了一个思路——免费。当时，不仅对手认为我疯了，投资人也认为我疯了。我跟投资人讲，我们必须跟竞争对手不一样，哪怕只有一点点。事实上，正是因为这一点点不同，我们才击败了所有对手，成为中国杀毒软件领域的老大。

我这几年一直在强调创新，是因为我发现很多人甚至包括一些成名已久的产品经理，都对创新有误解，认为创新是和发明同等困难的事情。可能受到小时候听的大发明家爱迪生的故事的影响，总觉得要做出像电灯泡那样的颠覆式产品才叫创新。

创新其实并没有大家想象得那么复杂和高端，并不一定非得追求技术上的重大革命，把复杂的产品变得简单方便也是创新，将价格高昂的产品变得便宜甚至免费也是创新。很多时候，创新仅源于一个非常小的细节，我称之为"微创新"。

创新可以分成三种形式：用户体验的创新、商业模式的创新以及技术的创新。技术的创新就是前文说的发明，在科技不断进步的今天，发明创造出一种全新的材料和材质已经变得愈加困难，需要大量人力、物力和各种资源的高度配合，单枪匹马难有所成。如今互联网行业的创新，多数集中于用户体验的创新，其次是商业模式的创新。将复杂的产品变简单就是用户体验的创新，而将收费变成免费则属于商业模式的创新，这两种创新都比较适合初创公司。

360 的同事们在 2017 年愚人节开玩笑，说我们也要做个有技术含量的共享单车产品，引发业界的众多猜测。由于涉及 360 未来的产品方向，于是很多人来问我事情的真相。互联网共享单车的竞争已经很激烈了，360 在短期内肯定不会介入，但不妨聊聊这个话题。

共享单车最初属于用户体验的创新。和以往政府支持的公共自行车相比，共享单车不受停车地点的限制，随骑随停，用户再也不用花费大量的时间去固定停车地点取车和停车，大幅提升了骑行者的用户体验。

我当时就曾预言，共享单车最后很可能不收押金甚至免费。这个预言很快应验，现在的共享单车不仅有免费骑行，有的还能领到红包。这就从用户体验的创新升级为商业模式的创新，最后肯定会通过其他方式来实现商业化变现。

我数年如一日地在各种场合谈创新，就是希望能够将创新的"遮羞布"扯开，将其从"神坛"上拽下来。我认为创新是人人可为的，无论初创企业还是产品经理，只要能对现有产品体系或者商业模式进行哪怕极其微小的改进，也是"微创新"。需要重点强调的是，创新（包括颠覆性创新和微创新）其实是企业责任感的一种表现。

事实上，今天的中国互联网产业经过了 20 多年的成长，已经取得了长足的发展，很多互联网企业都取得了不错的成绩，甚至有些企业在世界上都占据了一席之地，这是中国互联网人的骄傲。电影《蜘蛛侠》里有句话，叫作"能力越大，责任越大"。我觉得中国的很多互联网公司不应该再将自己看成一个小公司，只是一门心思地考虑收入和市值的增长，还要考虑社会责任感。

值得肯定的是，无论汶川地震还是玉树地震，中国的很多互联网企业都非常积极地出钱出力。但是坦率地说，中国的很多互联网企业都比较年轻，我们的很多企业家每天还都忙于工作，不可能花太多时间和精力去参加各种慈善晚宴和公益活动。因此，我个人认为，中国的互联网企业在为用户提供产品和服务的过程中，就要体现责任感，通过一个又一个微创新为用户提供更有品质的产品和服务。当年，英国石油公司在美国墨西哥湾的原油泄露事件造成了巨大的问题和隐患，但是该公司通过捐款赢得了"有责任企业"的称号，我认为这样的责任感就是一个笑话。

1. 行业呼唤创新

我一直很赞同美国的一本经典商学院教材中关于颠覆式创新或破坏式创新的看法，认为正是这种不断的颠覆和被颠覆，才推动了产业的进步以及技术和产品的创新，这也是硅谷能够不断推陈出新的原因。因此，美国的互联网行业基本上 5~10 年就能彻底换一拨人。

在硅谷式的创业哲学里，颠覆和破坏是两个褒义词，但在中国则完全相反。中国传统文化讲究的是和谐、中庸、不为天下先，这对行业巨头是有利的，但对整个行业的发展没有好处。因为行业巨头没有创新的动力，就像曾经的诺基亚和摩托罗拉，它们会将主要精力用于维护现有优势，即使安卓系统已经摆在面前也不去珍惜。

通过综合的资本运作，中国的一些互联网巨头对整个行业的把控力其实比几年前更强了。即使如此，很多巨头也还是不愿意尝试创新，他们太害怕失败，不愿意尝试新东西。越大的公司，越觉得创新还是留给小公司去做比较合适。

但还是那句话，"能力越大，责任越大"。如果一个行业里，巨头们都不再像谷歌和脸谱网那样去引领创新，每个人都在"马后炮式"地嘲笑那些探索者，这其实是行业的悲哀。中国互联网企业在追求盈利和市值增长的同时，还应该考虑整个行业发展的创新，这是企业的行业责任感的一种体现，也直接决定着未来中国互联网产业的成败。

360 花费了很长时间不遗余力地打造免费杀毒和免费安全，业内有很多人对我们的做法不太理解，就在我们发布 360 免费杀毒的当晚，一个传统杀毒软件公司的老板给我打电话，说："鸿祎啊，你这是干啥呢？是要跟整个行业为敌吗？你这不仅是要砸我们的饭碗，还连锅都给端走了。"

其实，360 不是要摧毁互联网安全行业，反倒是希望通过自己的绵薄之力，改变行业的一些惯常做法，让整个行业发展得更加健康、更加长远。

众所周知，安全一直是互联网的核心问题。如果安全问题不能得到解决，那么电子商务、网络游戏以及无线互联网等技术的发展都会受到较大的制约。只有让网民放心、安全地上网，互联网才能继续快速、蓬勃地发展。

　　360一直在自己的产品中提倡免费，这并不完全属于商业宣传，也是一种对用户、产业和行业负责任的做法，是360能够走到今天的一个重要原因。我们并不仅仅是在做杀毒软件，实际上我们是在费力不讨好地做那些传统杀毒软件厂商不愿意做的事情。虽然这些并不是一个杀毒软件企业应该做的事情，却是网民需要的。

2. 企业需要创新

　　互联网和其他行业最大的不同在于变化极快，基本上三年内就会进行一次洗牌，五年内就会出现一个较大的变化。从过去的PC互联网时代到现在的移动互联网时代，再到未来的万物互联时代，互联网公司很难靠自己过去做的某款产品屹立不倒。只有与时俱进，通过持续创新不断地改进产品，才能为品牌不断注入新的内涵。360如今在中国互联网界拥有较为庞大的用户群体，很重要的一个原因是我们一直走在创新的路上。

　　在传统的PC互联网时代，360的品牌口号是"安全上网从360开始"，我们做的事情主要是替用户免费杀毒、拦截恶意网址。到了移动互联网时代，犯罪集团不再将主要精力继续放在为你的电脑植入病毒文件，而是通过各种手段直接骗取你的钱财，各种通信欺诈案件层出不穷。为了应对新时代的安全需求，360 每天会通过微创新的方式，拦截 1500 次诈骗电话和将近 1 亿次骚扰电话，有效保护了用户的资金安全。

我们发现 95% 的用户在接到陌生号码来电之后，有能力判断其是否属于欺诈电话。因此，360 发动用户在接到欺诈电话以后，为我们提供一个欺诈电话的标注，注明该欺诈电话是将自己伪装成运营商、公检法，还是其他身份。通过大数据技术，360 基本能够判别某个号码是否属于欺诈电话，继而在下一位用户接到此号码来电时，为他提供精准的提醒服务。

这几年中国的创新已经明显增多了。中国的市场很大，人口基数占优，所以在商业模式和产品体验方面的很多创新，我们走在了世界的前列，比如直播、短视频等，在这些方面美国的产品比中国的产品要差很多。然而与美国相比，虽然中国有自己的创新优势，但是在核心技术上的创新还远远落在后面。

而这种技术上的创新，对于资金和资源都有限的中小企业来说是不现实的。

实际上，初创公司在人力有限、资金有限和资源有限的情况下，去做高风险、高技术的创新是不现实的。对处于不同阶段的人和不同阶段的公司来说，创新的定义并不一样。正如今天的华为提出要追逐创新的脚步，但在华为发展的前期和中期，任正非先生都曾多次公开表态，说他不赞成华为公司做一些基础性的技术创新。这是因为对于那时候的华为而言，首先需要解决生存和发展的大问题。如果明天就要饿肚子，相信谁也没有心情考虑技术创新的事情。

时过境迁，如今的华为已经不再需要为面包发愁。现在中国的互联网领域有一些市值超过 2 万亿元、在世界排在前几名的公司，这些公司的资源比初创企业多得多，相应的责任也更大，应该多做一些原创技术、核心技术方面的创新。

所以，我觉得创新不仅仅是小公司的责任，同样也是那些在行业内已经取得一定成绩的互联网巨头们的责任。巨头们在维护自己市场地位的同时，还应该通过技术创新和开放平台，积极扶植各种创业公司的发展，鼓励年轻创业家的成长。

需要注意的是，共享单车、共享充电宝，包括之前的团购、O2O甚至智能硬件等创业潮，都反映出国内创业市场的一大问题：一人捅破窗户纸，千军万马争过独木桥。每当有一个人或团队找到某个突破点之后，大家就一窝蜂地跟风模仿。最早，团购带起了"千团大战"，然后是O2O市场上的外卖补贴大战，后来是网约车大战，到现在变成共享单车大战，共享单车的颜色都快不够用了。创业市场的竞争就这样变成了资本的游戏。

资本固然重要，如果没有资本的加入，共享单车这个事情肯定做不成。然而过犹不及，当公司之间的竞争变成融资能力的竞争，不再是比谁的产品好、谁更能满足用户的需求，而是比谁融资多、花钱快，创新的味道就变了。

虽然后者也有成功的可能性，但这绝不应该成为其他创业公司模仿的对象。毕竟对大多数创业公司来说，不可能完全依托资本的力量，还要靠产品创新、体验改进来占领市场、建立壁垒。

所以，尽管2016年的共享单车和2017年的共享充电宝都在当时成为众多媒体报道的焦点和资本的追逐点，但我觉得它们更应该是创新的一种，而不应成为创新的全部。

创新应该有百花齐放的局面，多样性创新的世界才能带来更好的结果。我经常想，再过 10 年，可能美国又有一批新的互联网英雄少年出世，如果彼时的中国互联网还是由老一批互联网人继续统领，绝对不是一件好事。所以，我认为已经成长起来的互联网公司有责任为中国互联网新的产业链、新的创业者和新鲜互联网血液提供帮助，有责任引导和支持产业创新，主动承担引领中国社会发展的重任。

任何商业模式，都源自用户需求

　　很多初创企业在创新时，往往拘泥于概念的纸上谈兵，却忘了创新的内在价值。我建议大家不要盲目追逐概念，创新应该是在以下两种基础之上建立的。首先，它要足够有潜力，有利可图，能带来增值，能让人兴奋。这是指要发现用户的刚性需求，找到用户在使用产品过程中不方便、不舒服的地方，有针对性地做出改变，提升产品的价值。其次，创新要能改变固有的范式。比如改变用户习惯，将用户的体验变得更容易、更简单。

　　我不看好那种不可持续的创意，也不会做这种机会型生意。这种生意很可怕，即使挣了几千万元，也永远不知道下一个一元钱在哪儿。反观那些比较伟大的公司，一定都有一个可持续发展的商业模式。

这么多年来，所谓的商业模式一直存在一个误区，就是大家过于追求把自己的商业模式说得很清楚。实际上，能说清楚的商业模式，基本上都是"马后炮式"的总结。无论何种商业模式，它的起点一定来自用户的痛点，是一种未被发现或满足的需求。简单来说，任何商业模式都源自企业对用户需求和痛点的理解。

一种商业模式在探索、成长的过程中，大多数时候是由用户引导着向前发展。如果你没有足够的用户基数，模式不可能成立。反之，一些巨头之所以会丢掉一些商业机会（严重的甚至丢掉基业），很大程度上是因为他们在经历了一些成功的模式之后，丢掉了对用户的好奇和理解，对新事物的判断不自觉地带上了模式的框子：有模式吗？能赚钱吗？能有多少营收？……一旦找不到答案，就会轻易放弃这个项目，从而与机会失之交臂。

因此，在创业初期，如果有人问你的商业模式是什么，想得清很好，想不清就不要想了，想得太多容易出问题。有些创业者在构造商业模式的时候喜欢从行业高度来看，比如中国的教育产业未来有多大、中国医疗产业未来有多大、中国有多少用户……把商业计划书写得如同政府报告一般，大而无当。这样的计划书很难得到投资者的青睐。事实上，最好的做法是向投资方踏踏实实地交底：我发现市场上存在哪些问题，因此我做了什么样的产品，解决了什么问题。

我所理解的商业模式，至少包含产品模式、用户模式、推广模式以及收入模式 4 个方面。简单说来，就是你研发了何种产品，这个产品能够给哪些用户创造哪些价值，如何让用户认识了解这个产品，以及该产品如何盈利。

商业模式四部曲就像一座金字塔，你的底层基础打得越扎实，就越容易实现盈利（如下图所示）。因此，你要时刻问自

商业模式四部曲

己：我是不是真的打通了用户的痛点？我是不是真的让用户离不开我？我是不是真的把产品体验做得很好？我是不是真的快速圈到了很多用户？

我承认我不是一个战略家，跟很多"大佬"比，我没有他们站得那么高。但是切身经历告诉我，每往前走一步，拥有更多的资源和用户之后，就会看到更多的机会。实际上商业模式就是这样不断尝试和调整出来的。特别是在互联网领域，还有很多前人没有走过的路。越是这样，商业模式就越需要不断试错、不断积累、不断调整。

一种商业模式即使成功了，也不是孤立不变的，需要不断发展。我最佩服的就是微信红包。微信的一些功能，如果让我来操刀，我认为我也能想清楚，但微信红包我肯定想不出来。后来有人专门为我讲解了一回，我突然就明白了。南方企业有过年发红包的习惯，北方企业没有这个习惯。这真的属于深入骨髓的文化差异，我没有经历过，自然很难想明白。

做产品，很多时候不能用自己的感觉去揣测产品，也不能用自己的人生经历去体验产品。最早 360 做安全软件和免费杀毒的时候，很多人也看不懂（包括我们的股东）。下面两种创新产品，就曾让我这个互联网老兵看走了眼。

打车软件

滴滴、快的之争，不仅改变了出行行业，甚至改变了官方立场，创新的力量令人咋舌。事实上，曾经有一家后来很知名的打车软件平台找我谈过投资，遗憾的是当时我并没有看到它的发展趋势。因为当时的我生活已经处于小资水平，出入都有汽车，已经很多年没有打车经历了。所以，我犯了一个很严重的错误——没有从普通用户的角度去判断打车软件，而是用我自己的习惯考虑问题。

游戏直播

2016 年被称为直播行业的爆发之年，在此之前也曾有一家游戏直播平台找我合作。当时的直播被定义为网络秀场，远没有现在这般火热。我从来不去秀场，也基本不打游戏。我对游戏的理念还停留在早些年的那种网络游戏，现在哪种游戏流行我都不知道，这种观念无疑已经过时了，很难让我成为一个新时期的游戏玩家。因此，我很难理解竟然有人愿意长时间看别人打游戏，于是，我又拒绝了这个项目。

有时候，一些创新的产品可能大家当时都看不懂，却有可能成为颠覆传统的力量。因此，无论产品经理还是投资人，看产品一定得有"同理心"，看"小白用户"的需求和体验。

2017年，共享充电宝热力十足，很多人都来询问我对于共享充电宝的看法。我的车上常备充电器，我可能不是共享充电宝的典型用户。但是你要知道，中国有将近10亿的手机用户，其中有很大一部分人每天都在拼命地刷微信、刷微博、打游戏、看视频、看直播。所以无论手机电池多么强劲，在多款程序的共同"摧残"下，基本都坚持不了一天，这就让充电宝属于刚需了。手机即将没电的痛，相信很多人都曾体会，无疑这是一大痛点。最少一天用一回，频度也比较高。刚需、痛点、高频，你会发现共享充电宝竟然同时包含着极致产品的三大关键因素，那么它就有成功的可能性。

我认为，像共享单车和共享充电宝这类产品，无疑是有用户价值的，但在现阶段并不一定能够产生营收价值。早先的产品大多自带营收价值——产品解决了用户的某方面需求，用户便为之付费。但现在的市场竞争过于激烈，尤其是曾经火热的

O2O 概念开了补贴的先河，所以现在的很多产品在推广阶段都采取免费策略，有的企业不仅不从产品上赚钱，甚至还贴钱发红包补贴用户，这便造成了当前的一些产品没有营收价值的现状。

当然，这种情况不可能成为常态，没有任何资本愿意承担永无止境的烧钱压力。企业烧钱的目的在于快速启动市场、聚拢用户。当用户量越来越大的时候，产品的商业价值便会自然浮现。举例来说，未来颠覆滴滴出行的可能不是第二个滴滴出行，而是共享单车。要知道，共享单车的使用频率可比打车高出许多，在用户使用次数多了之后，共享单车厂商便能较为准确地掌握用户的骑乘习惯，这便是我们常说的大数据的力量。比如，在某次用户要解锁使用共享单车的时候，共享单车没准就会提示用户：你看，你这 5 公里骑得也挺累的，我给你叫个出租车吧。诸如此类，不胜枚举。

商业模式不是坐而论道得来的，也不是媒体高谈阔论讲出来的，而是在用户需求的引导下，创业者们不断地打磨、探索出来的。也许充电宝的产品形态还会在资本的推动下不断变化，有更新的产品被研发出来，比如带着屏幕的智能充电宝。这样一来，完全有可能诞生出一种全新的商业模式。

当我们确定了商业模式，接着就要从用户服务、产品创新的维度把护城河加深，提高竞争壁垒。在拥有了较大的用户基数之后，很多事情便在移动互联网的支持之下成为可能。且让我们将脑洞开得再大一些：当共享单车和共享充电宝的用户越来越多时，未来也可能颠覆支付领域和社交领域……我觉得，这就是移动互联网和创新的魅力所在。

用最简单的方法创新

　　要想创业和创新，就回避不了创伤和创口，创业和创新本来就是失败率相当高的苦差事，但绝不能成为放弃的理由。在做判断的时候，没有人能够确定自己一定成功。360当初尝试"免费战略"，只是基于我们的价值观判断，觉得这是360应该走的路。我也不知道自己成功的机会有多大，当时的想法是先试试看，如果事实证明我们做错了，再花时间改回来就是。

　　所有的商业模式都是试出来的，重点在于试错的成本是否在你能够接受的范围内。我推崇无畏的探索精神，但这种无畏是有前提的，那就是要先进行微创新，切不可押上全部身家"赌一把大的"，这不是无畏，而是作死。古人说"一失足成千古恨，再回头已百年身"，就是这个道理。

所谓探索，意指一步步探寻摸索，从产品角度说就是从微创新开始循序渐进，即使踏错一步也有挽回的空间。美国作家埃里克·莱斯曾在《精益创业》[①]一书中分享了他的观点：用最简单的方法创新，用成本最低的方法创新。这种观点和我关于微创新的看法如出一辙。我向来认为对商业模式的探索，应该用比较简单的方式，先做一点小尝试，如果行不通就赶紧改，如果切实可行便可逐渐加大筹码。

在美国拉斯韦加斯的一家酒店，当顾客结完账离开时，门童会顺手递给顾客两瓶冰冻的矿泉水。对于酒店来说，这两瓶水的成本实属九牛一毛，却能给用户带来极佳的体验感——从这家酒店开车到最近的机场大概需要40分钟，中间几乎没有加油站和休息区，这就意味着沿途无法取得补给。要知道，拉斯韦加斯靠近沙漠，夏季经常出现35摄氏度以上的高温，顾客在前往机场的车程中无疑需要补充水分，此时这两瓶水正好派上用场。请注意一个细节：酒店送出这两瓶水的时间是顾客结账之后，严格意

---

① 埃里克·莱斯. 精益创业 [M]. 吴彤，译. 北京：中信出版社，2012.

义上说，这两瓶水属于酒店的馈赠。设想一下，如果顾客下回再来"赌城"，会选择哪家酒店下榻？

鉴于行业的特殊性，无论是服务还是产品，一家酒店都很难在同行中脱颖而出，同业竞争极为激烈。拉斯韦加斯的这家酒店仅为三星级，在酒店林立的"赌城"并不具备明显的竞争优势，然而该酒店却从"送水"这个细节入手，为客户营造出一种温馨、周到的感受，从而吸引了大量的回头客。我认为这就是一种微创新。

很多人习惯将"微创新"和"颠覆式创新"对立看待，认为前者就是小打小闹，而后者就要敲锣打鼓。在我看来，二者其实是一回事。事实上，几乎所有的颠覆式创新一开始都是微创新，都是从一个微乎其微的点入手。

世界上最早的复印机是美国施乐公司发明的，这一时期的复印机是典型的面向企业的产品，体型巨大，设置在专门的房间由专人维护。后来，佳能公司缩小了复印机的体积，研发出世界上第一台台式复印机。和大型复印机相比，佳能的台式复印机有着无数的缺点，比如复印不清、浪费纸张等，但其做到了一点——将复印简单化，从面向企业的产品走向了面向普通用户的市场，这就是微创新的价值所在。

微创新往往很难让大公司察觉到威胁，这也给了佳能公司完善产品的机会，台式复印机开始一步步蚕食大型复印机的市场。现在，施乐的这种大型复印机已经演变成快速印刷中心，而小批量的复印已经成为台式复印机的专属舞台。

我们鼓励创新和探索，但罗马不是一天建成的。特别是对很多创业公司和产品经理来讲，他们怀揣巨大的理想，却不具备一夜之间颠覆世界的资源。所以，不妨从用户体验的角度出发，不断地去做微小的改进，可能在短时间内看不到明显效果，但通过点点滴滴的积累，最后就有可能改天换地。需要强调的是，微创新不是"山寨"也不是"抄袭"，实际上很多被认为极具创新力的产品，都是通过持续的微创新才变成最终大家看到的样子。

我一直毫不掩饰自己对乔布斯的崇拜和敬仰，他凭一己之力，彻底改变了手机市场的整体格局，在业界留下了一座不朽的丰碑。但无论是早期的 iPod（苹果的便携式多功能数字多媒体播放器），还是后来的 iPhone，这些产品都不是苹果公司的全新发明，而是一次又一次微创新的成果。

iPod 是苹果公司在老式 MP3 基础上进行微创新的产物，乔布斯创造性地为 MP3 提供了能装进 1000 首歌的内存，让 iPod 用起来比其他 MP3 产品更舒服、音质更好，这就是用户体验的创新。iPhone 也是如此，苹果公司并不是第一家在智能手机上装 App 的公司，但是苹果手机的系统最流畅、外观最好看，这些都是一次又一次微创新的结果。

乔布斯的伟大之处，并不在于他发明创造了多少新技术，而在于他能够通过对已有技术的巧妙融合改进，将用户体验做到极致。苹果公司能有今日之成就，说到底是微创新的胜利。

事实上，所有伟大的创新性产品都是从微创新踏上征程，为用户提供一种更方便、更简单的体验。由于切入点十分微小，巨头起初并不在意，以至最后被一点一点地蚕食。360 便是这样起步的。

2005 年时，很多杀毒软件厂商不屑于查杀流氓软件，它们的利润来源集中于病毒查杀领域，但这是 360 迈出的第一步。之后我们开始尝试打补丁、杀木马，巨头们同样也没有在意。360真正进入巨头们的视野，是在我们积累了大量用户、成功取得融资，技术也取得突破性进步之后，但此时他们已经追悔莫及。

曾经有人问我："颠覆式创新是战略，微创新是战术，二者应如何结合？"我认为这种提法本身就是个错误。其实，颠覆式创新仅是"马后炮"而已，每个颠覆式创新都源自一次次的微创新。如果360刚开始就想着颠覆谁，很有可能早就失败了，因为动作太大，我们没有能力做到，市场也不会给我们机会。要知道，改变消费者的使用习惯可是件费力不讨好的事情，亚马逊就是最好的例子。

2014年，亚马逊首席执行官杰夫·贝佐斯曾经主导设计过一款手机——Fire Phone，却遭到各界的广泛批评，兵败滑铁卢。在我看来，其失败的主要原因是太超前了！

杰夫·贝佐斯一开始就为Fire Phone打起了和iPhone抗衡的旗号，力图通过技术的革新颠覆iPhone的市场地位。为了让Fire Phone实现动态视角的设计方案，贝佐斯甚至在手机四角安置了4个摄像头，以便Fire Phone能够在完全黑暗或是佩戴太阳镜的条件下识别用户面部表情。虽然听起来很酷，但是对于这项贝佐斯引以为傲的技术，消费者并不买账，他们认为该设计分散了用户的注意力，毫无用处。

微创新实际上是一种方法论，是从用户需求出发、提升用户体验的一个思路，而不是闭门造车地研发某种跨时代的技术——这种技术如果找不到为用户创造价值的使用场景，其实是没有意义的。我很尊重创新，也佩服贝佐斯的勇气，但是步子太大了，更容易摔跤。

微创新是大公司的软肋，很多公司在做大之后离用户越来越远，变得越来越脱离"小白用户"的需求。用户可不会因为一家公司研发了某种新技术，就选择这家公司的产品。他们只会问一个问题：你的产品能帮我解决什么需求？

目前共享单车的市场竞争，可以说已经不以技术创新为导向了。我觉得原因有很多，但一定不是共享单车厂商技术不行或者没有想法。它们之所以没有做那么多的技术创新，我觉得其中一个比较重要的原因是，如果在共享单车上做了太多的技术创新，那么每辆单车的成本就会提高很多，对资本的需求也会水涨船高。

除此之外，共享单车居高不下的破坏率也是原因之一。我听过这样一种说法：如果你在路边看到孤零零的一辆共享单车，在很长一段时间内都无人问津，那么这辆车一定是坏的。这种说法或许有失偏颇，但也从侧面反映了共享单车破坏率极高的现状。在这种情况下，如果共享单车厂商在自行车上进行了大量技术创新，或者为共享单车加装了较多值钱的零件，比如加个太阳能充电板，我觉得有很大可能会被某些别有用心之辈据为己有，从而进一步增加共享单车被损毁的概率。

回到用户需求的角度，对于共享单车的用户来说，第一关注点是能不能在需要时快速找到车。及时便捷地找到车和骑乘时拥有其他增值服务，二者有较大区别。前者是刚需，后者则属于体验升级。现在市面上的一些共享单车虽然看起来技术含量不高，但架不住车辆供给充足、调度及时，能较为有效地解决用户的刚需。

如果让我为共享单车厂商们提供建议，我觉得应该老老实实地做一款非常皮实、怎么也摔不坏、轮胎不漏气、永远不会掉链子的自行车，可能会更加实际。

当初我们发现很多"小白用户"对电脑的认识，仅仅停留在是否存在病毒这一层面。然而，即使很多用户的电脑里没有病毒，也依然处于脆弱状态，容易出现各种问题。因此，我们的技术团队就为电脑增加了一个全新的健康状态——给电脑做体检，通过查找安全隐患为用户的电脑打分，以此判断电脑是否需要"治疗"。

电脑体检功能并不存在技术优势，甚至让很多专业人士耻笑，却受到了"小白用户"的广泛欢迎。这个功能让很多不具备专业知识的用户也能拥有对自己的电脑的掌控力，能够在我们的引导下通过自己的努力去为电脑打补丁、修补漏洞、安装新软件。人对数字对比有着天然的敏感度，当用户看到自己的电脑从体检 3 分变为 80 分时，很容易产生成就感，下回还会继续使用，并推荐给亲戚朋友。

电脑体检功能在技术上或许不值一提，却属于典型的从用户需求出发的微创新，从细节上为用户提供人性化服务。它在 360 的发展历程中只是微不足道的一小步，但就是这样的一个又一个微创新，让我们走到了今天，并将继续走下去。

忘掉估值，回归创业的本质

　　虽然今天中国的互联网行业发展速度确实令人惊喜，但不可否认的是，其很大程度上得益于人口红利以及很多互联网公司多年积累的资源。我每年都会利用假期去美国学习一段时间，实事求是地说，从创新的角度来看，硅谷还是全世界最具创新精神的地方。和美国相比，虽然中国在商业模式和营销模式上都出现了很多创新，但在核心技术和产品本质的创新上，美国的优势更为显著。所以我觉得目前国内的创业公司，在技术和产品创新上还是需要不断地输入，学习美国现在到底是"什么猪在天上飞"。

　　"独角兽"一词源于美国硅谷，指的是在新一轮融资时估值超过 10 亿美元的创业公司。"独角兽"之所以被称为"独角兽"，就是因为其稀有、与众不同。最初它是用来形容一些做出改革性创新并由此取得高估值的企业，重在创新，估值只是一个结果。值得一提的是，现在的美国人并不太提倡"独角兽"的概念。

不幸的是，美国的很多概念到了中国，都被无限地放大了。在中国，"独角兽"已经成为资本追逐的一个概念，只要企业估值达到 10 亿美元，就是"独角兽"。一夜之间，诞生了无数"独角兽"公司。很多创业公司已经不再关心公司在做什么事、做的事情到底酷不酷、对产业是否有价值，而变成了唯体量、唯规模、唯收入，甚至唯估值的公司，这绝不符合"独角兽"概念提出的初衷。我认为，衡量"独角兽"的标准是产品，而非估值。

事实上，美国的一大批"独角兽"在全球范围内独领风骚，与硅谷独特的创业文化有着密不可分的关系。硅谷的文化传统是产品驱动，这和我一直主导的产品理念十分相符。硅谷的创新者们很少谈概念，通常更青睐于科技项目的研究，他们更多的是在追求创业项目所产生的价值。在他们身上，我们可以感受到强烈的改变生活和世界的期望。在硅谷，绝大多数创业者喜欢冒险，他们有着强烈的探索心和创新欲，相较企业估值，他们更关注技术和产品本身的价值。这一点，值得中国乃至全世界的创业者借鉴。

所以，我觉得对于很多创业者来讲，最重要的还是应该回归创业的本质，去考虑如何将产品的核心功能做好，让其为用户提供更优质的服务以及更大的价值，从而获得超预期的用户体验，而不是盲目追寻企业估值。

我建议创业者，特别是智能硬件创业者忘掉一些资本的喧嚣，不要太急功近利。既然已经选择了一条明日之路，就一定不会是今日最狂躁的风口。这条路需要时间，需要耐得住寂寞、扛得住诱惑。至于是不是被别人看成"独角兽"，一点都不重要。

作为安全企业，360一直在不断地探索新的创新方向。借助万物互联和智能硬件的技术，我们开发了360儿童手表，我们希望把孩子跟他的父母连在一起，防止孩子受到意外的伤害、走失或者被诱拐。

我们还推出了家用智能摄像机，希望可以借助手机将每个在外奔波、没有过多时间陪伴孩子和父母的人与家庭连在一起，让其可以随时随地查看家里的情况。我们希望借助这种产品和技术的不断创新，将过去对电脑和手机的保护，延伸到对人身和家庭安全的保护。我们希望 360 的品牌座右铭能够逐步从"安全依旧的 360"变成"360，为爱守护"。

我希望在未来，产品的质量和品质都被视为一个产品的基本功能，而一个真正的好产品，应该是一个有爱、有温度的连接器，这也是我们很多互联网产品创新的方向。

第 7 章

创业者的"道"

只有战术没有战略，往往成不了大气候。项羽赢了刘邦无数场，战术上的优势无可比拟，却在战略上一败涂地，最后输了一场便只能霸王别姬、乌江自刎，此为明证，亦是警钟。

创业者的本质是无畏

　　2016 年 6 月，360 手机在深圳举办了一场主题发布会，我到场进行了一个多小时的主题演讲，同时发布了全新 360 手机品牌宣言——安全·无畏。

　　"安全"不难理解，这是 360 手机的品牌基因，同时也是用户刚需。而"无畏"这个词是由 360 手机的粉丝们提供的，一方面体现了 360 手机未来将排除万难、始终如一地为用户提供满意产品和服务的信念；另一方面也展示了 360 手机目前的消费群体定位和有关该群体的性格特点。粉丝们能够提出这个词，说明用户已经能够从 360 的产品中体会到我们这些产品研发者的良苦用心，并真正参与到我们的事业中，勠力同心，无畏前行，令我万分开心且老怀大慰。

借着出书的机会，我想将"无畏"这个词分享给所有走在产品创新道路上的人，既包括广大的产品经理，也包括新时代的企业家们。"无畏"不仅应该成为360手机的品牌宣言，同时应该成为未来一批人，甚至一代人的口头禅和生活方式，是所有人都应该将之付诸行动的人生宣言。

坦白地说，我认为现在的商业社会普遍缺乏创新，其根源还是在于我们对创新充满了恐惧。做产品的人，大多具有较高智商，情商也不缺，但缺少一样东西——强大的内心，或者说无畏的勇气。自古富贵险中求，产品创新同样需要勇气。可是现实生活中有太多无奈，我们害怕失败、害怕失去、害怕丢人……所以，我们总是习惯于从众，不愿意进行产品创新，不敢为天下先。正是因为我们缺少无畏的探索精神，所以很难取得真正意义上的成功。

实话实说，我的运动天赋较为有限，喜欢的运动不多，攀岩是其中之一。虽然还不敢徒手攀岩，但只要时间允许，我会找各种机会尝试。因为攀岩，我认识了一些热爱极限运动的年轻人，他们玩滑板、越野和各种极限运

动。在和他们的交流中，我深深地被他们身上的无畏精神
和对大自然的探索所吸引。

只有无畏的人才能让好奇心肆意挥洒，只有无畏的人才能
探索未知的世界。除了做企业，360 也在做投资。我认为投资
应该投人，人是第一位，然后才是投项目。投资本身是件风险
很大的事情，失败如影随形，在此我简单总结一下投资失败的
原因。

投资的关键要看创始人的胸怀、格局以及人品。我在考察
投资对象时，对于创业者有一个非常严格的要求：要有坚忍不
拔的精神和韧性。从开始创业到取得成功，过程漫长而痛苦。
其间，创始人会经历很多困难，要付出很多努力。在这个过程
中，犯错并不可怕，真正可怕的是失去斗志和勇气。要知道，
企业家的本质就是一种无畏的勇气。

为什么要谈勇气？因为领导力这个词最早便源自军队。美
国西点军校的军官，在打完仗后很多都成了优秀的首席执行
官。推荐大家看本书——《蓝血十杰》①，任正非也十分推崇这

---

① 约翰·伯恩. 蓝血十杰 [M]. 陈山，真如，译. 海口：海南出版社，
2014.

本书，写的是美国空军的 10 个人在退役后进入大企业的事情，相信会对大家有所帮助。

除了这本书，我还想给大家推荐两部我最喜欢的影视剧：一部是电影《拯救大兵瑞恩》，还有一部是电视剧《兄弟连》，值得广大创业者和企业家反复观看。《兄弟连》里直接将连长称为首席执行官，一个连正常情况下有 100 多人，相当于一家初创公司。很多人都说不想当将军的士兵不是好士兵，我觉得先别考虑如何成为将军，如何做好一个连长才是创业者需要深入思考的事情。

商场如战场。其他行业我不太清楚，但中国的互联网行业我还是比较了解的，简直可以称得上丛林战场，竞争异常残酷、激烈。如果创业者无法从军事作风中领悟到一些创业的真谛，那么企业的竞争力就会比较弱。

几年前，我在北京买了 500 亩山地，建了一个特种训练营。在这个训练营里，我高薪聘请了许多从全国各大军区特种部队退役的战士（最多的时候人数达到了 20 多个），让他们和我带去的人进行对练。360 所有新入职的员工和我打算投资的创始团队成员，我都会将他们带到特种训练营去参加训练，即使是女同事也不例外。

有很多人不理解我的这一举动，我的解释是："通过特种训练能够更好地看清一个人的人品。"真正的产品人和创业者肯定不能被困难打倒，而特种训练的压力极大，和特种部队退役的战士对练，通常情况下肯定输多赢少，这就意味着参加特种训练的人无一例外要面对屡战屡败的局面。可以肯定地说，这是我特意安排的结果，我的目的就是看看这些人在极端不利的情况下，能否保持电视剧《亮剑》里推崇的那种"亮剑精神"、那种嗷嗷叫的"狼崽"精神和那种不怕困难和失败的"无畏精神"，能否"屡战屡败"，并且"屡败屡战"。

我主张的文化就是"拿起枪，战场上见"。很多创业公司喜欢强调团队协作、不怕困难，在我看来这些都是空洞的道理。有些人口头上说得天花乱坠，一旦面对强大的敌人，便会现出原形，不再说合作与团结，也没有不抛弃、不放弃的精神，这种人带的团队是不可能走向胜利的。

在对练的过程中，我发现了很有意思的一件事情：优秀的产品人和创业者各有不同，有男有女，性格也不一样，甚至很多首席执行官从来没摸过枪，直接跟我说自己不喜欢暴力。然而，当这些优秀的人拿起枪后没有一个愿意认栽服输，几乎都是不干翻几个"敌人"不下场。

这些人在枪法和实战经验上没有什么优势可言，然而我看重的却是他们永不服输的勇气和精神。很多人说我是一个"斗士"，我认为人生就是一场场战斗——和天斗，在现有技术条件下不断探索前行；和地斗，打造符合中国国情的产品，满足有中国特色的用户需求；和自己斗，积累经验，越挫越勇。这三者的结合体，便是我一直强调的无畏精神。

中国的互联网行业要想快速发展，需要越来越多的互联网企业和产品经理勇往直前、锐意进取，不断探索未知的领域，研发新的技术和产品，哪怕最终以失败收场，也能留下宝贵的经验，让我们下一次不再失败。如果互联网行业的每个人都能够以真正无畏的生活方式和精神去创造和创新，这个行业就会变得更加精彩，我们的未来也会变得更加美好。

不装、不端，有点"二"

　　我为自己总结了7个字："不装、不端，有点'二'。"从某种角度来讲，这也是我一直弘扬的创业者精神，且让我分而论之。

1. 不装

　　所谓"不装"，就是要实事求是，要坦荡，不要说假话。事实上，"不装"也意味着跟人沟通、交流要坦诚，要讲诚信，不能言而无信。对于这个话题，我想中关村的繁荣与衰败最能说明问题。

2008 年，中关村还是一片生意兴隆的景象。如果此时你去中关村购买电脑、相机或者手机，在任何一个大厦门口都会有热情的销售人员迎接你，你的思维会在他们的花言巧语中被他们控制，无意间便花了不少冤枉钱。更让人生气的是，当产品出现质量问题时，热情的销售人员们马上开始"踢皮球"，而那时也不流行评价体系，顾客根本无处申诉。"买前笑脸相迎，买后屁股相对"，这就是传统电子市场的真实情况。

而如今的中关村，偌大商场中只有稀稀拉拉几个消费者，很多大厦不得已开始痛苦地转型。中关村在互联网大潮中轻易被击败，表面上看源自电商冲击，实际上则源于一些商家不讲诚信！

当然，电商里面也存在骗子，而且为数众多。然而，电商的信息是透明的，能够快速流动。某家网店如果出现了不诚信的欺诈行为，顾客在吃亏上当后可以给它差评。一个顾客的评价，成千上万的顾客都能够看见，这家网店的销售量就会大受影响。如果某家网店连续出现几个差评，可能就不再会有顾客上门。

人无信不立，这是古训。现在的很多创业者"满嘴跑火车"，有些创业者甚至在公开场合宣称，当初的某种承诺只是"玩玩而已"，这种理直气壮令人匪夷所思。

在我看来，一个创业者或产品经理，并非仅需具备激情和专业技能就能成功，更不可能靠"玩玩"和吹牛一步登天。有些产品之所以没有未来，不是产品理念出了问题，也不是产品经理的能力出了问题，而是产品研发人员遗忘了诚信。

2. 不端

"不端"是指不端架子，不把自己当成功人士，而是把自己放空。关于这一点，我近来颇有感悟。

实事求是地说，我不是共享单车的典型用户，我出入都有汽车，基本上没有骑车的机会。如果从我的角度来看，共享单车不符合我这种用户的需求，然而这并不意味着共享单车就没有市场。对于 360 公司的很多员工来说，地铁、公交之后的最后一两公里路程，确实有骑车的需求。我也在公司楼下的街边和其他很多地方看到过，很多人都在骑五颜六色的共享单车，这至少说明共享单车打动了用户的心理需求，但我还没有彻底转变自己的思维，因为我毕竟不骑车。

直到有一次我去杭州旅游，杭州的出租车司机会在下午四五点钟的时候交接班，在我苦苦等待两个小时打不到车时，却看见一辆辆色彩斑斓的共享单车从我身边掠过，此时我连拦路抢车的心都有。我突然想明白了，对于共享单车，其实我并没有真正将自己放空，没有放下有车一族的架子，还是有些"端"了。

每个人都拥有不同的生活、阅历和背景，这便导致你很难用"同理心"揣摩用户的真实想法，对用户需求的判断就会发生错误。只有"不端"，真正将自己视为"小白用户"，才能让产品经理更贴近用户和市场，想用户之所想，研发出能够真正帮助到用户的产品。

3. 有点"二"

很多人认为"二"是个贬义词，但我觉得"二"更是一种大智若愚。像阿甘一样坚持自己的行动，像乔布斯一样"stay hungry, stay foolish"（求知若饥，虚心若愚），从当时的潮流来看都有点"二"的成分，但伟大产品的研发者大多成长于旁人不屑的眼光下和不被关注的寂寞中，并最终颠覆世界。同时，"二"的精神也是一种创新的精神，创新是要想别人不敢想的事，不从众。

所有的创新，在开始时都被认为是离经叛道、非主流和有点"二"，但坚持到最后，有点"二"的人可能就会成为行业老大，非主流也有可能成为主流。不谦虚地讲，我觉得我就是一个有点"二"的人，所以我才比较无畏。当年 360 坚持做免费杀毒，很多人并不看好，甚至认为这个想法"糟糕透了"，但我们正是通过这种"二"的精神坚持走到了今天，走到了行业的最前沿。

"不走寻常路的人"是苹果公司曾经的一句广告语，这句话将乔布斯自己都感动得落泪。我对这句话的理解是：要想成功，你的思维不能和常人太一致，也就是需要点"二"的精神。世界上的成功者永远是少数，如果你的思维模式跟大多数人相同，成功的概率相对来说会小很多。所以，请告诉自己：如果能够舍弃现状，不怕失败，永远保持无畏的探索精神，你就有可能走上一条不同寻常的有点"二"的道路。

在 360 成立之初，我们这些创始人从严格意义上说都属于互联网安全领域的门外汉，是完全不懂互联网安全的一帮人。当然，在创业过程中，我们慢慢也就成了行业专家。现在想来，要是当时我们十分了解互联网安全领域，也许就不会有今天的 360。原因何在？还是我在前文中提到的"知识的诅咒"——你的专业知识越丰富，越容易被你的知识所"诅咒"，在不知不觉中采用专业人士所用的方法，想不出解决问题的另类方法，更别提"乱拳打死老师傅"。

今天的中国，创业热潮风起云涌。但对比中国和美国后，我发现中国还没有真正的硅谷，至少目前还没有。我认为中国年轻人的聪明才智并不比美国人逊色，但为什么在创业上远远落后于美国？我觉得主要是由于价值观上的差异。

我们从小接受的教育就是从众，希望不断地被认同，看重别人眼中的自己。让我们回忆以下场景，或许你也曾亲身经历。

老师在黑板上画了一个圆，问大家这是什么。在幼儿园时，小朋友们的回答五花八门：月亮，蘑菇，大饼……各种反常规的答案都有。同样的问题，小学二年级以上的学生基本都会统一回答：那是一个圆。否则，老师便会用异样的眼光看你，同学们也会觉得你的想法不正常。

在这样的价值观里，很多人之所以不敢做看起来有点"二"的事情，不敢不走寻常路，归根结底还是因为对失败的恐惧，害怕失去现在拥有的一些东西。我也不例外，在创业到一定程度时，我也一直在问自己：到底要不要继续往前走？要不要研发新的产品？要不要探索全新的领域？这里有很多现实的负担，慎重一些总是没错的。

但是，慎重并不代表放弃，慎重是为了走得更快、更稳，而不是驻足裹步、畏缩不前。后来我领悟了一个道理：不管勇士还是懦夫，上了战场都会恐惧，二者的区别在于懦夫无法控制自己的恐惧情绪，而勇士在恐惧时还能冷静地做出判断。所以我觉得，大家都害怕失败，但把对失败的恐惧降到最低，就不怕失败。失败后大不了从头再来，无非就是丢掉一些东西。

人是决定创业成败的关键因素

　　中国有句古话，叫作"铁打的营盘流水的兵"。当团队里有人离开的时候，肯定有不少创业者拿这句话来安慰自己。但我觉得这句话存在误导的成分，因为它将营盘和兵的关系完全视为单纯的雇佣关系。

　　对于创业团队来讲，如果每个员工都仅将自己做的事情当作一份工作，或者一种解决财务问题的工具，那么这个营盘绝对不会是铁打的，而是纸糊的，稍有风吹草动，就会坍塌。一个公司最宝贵的资产不是理念，更不是宏大的规划，而是人。人是决定创业成败的关键因素。所以对于创业者而言，如果你的团队出现了"铁打的营盘流水的兵"的情况，就意味着你的管理出现了问题。

　　我在投资一家公司后，绝对不会重整团队，空降是创业公司最忌讳的事情，因为你不知道你高薪请来的空降兵能否跟团队原有的人合拍。有些时候，你认为优秀的空降兵并不是最好的空降兵，三个聪明的总司令可能还不如一个愚蠢的总司令。所以，我如果投资一家公司，一定是我认可这家公司的团队、认可这家公司的人。

　　公司发展到了一定规模，会出现很多让管理者焦虑的问题，归根结底都是人的问题。有段时间，我比较相信乔布斯的说法："A 级人才是不怕挑战的，你甚至可以不用考虑对方的自尊心。"我不太喜欢琢磨人性，自己的情商也不高，所以我通常会用自己的方式对待别人，并将之称为 "以己度人"。

　　我是个对自己比较苛刻的人，会给自己很多挑战，也不怕承认我的错误。但当我用这样的方式对待其他人时，有些人可能会做得更好，但也有一些人并非如此，他们无法接受我的管理方式。如果对待他们过于严苛，最后会把他们给骂蔫儿了，失去自信，什么都不敢做，甚至有些人还会怀恨在心，伺机报复。

　　伟大的企业都应该有《从优秀到卓越》的作者吉姆·柯林

斯所说的"宗教般的文化"。吉姆·柯林斯曾广泛研究过企业文化。宗教般的企业文化是一种自我精选。假如你做好了这一点，那么在你创建团队时、在面试新员工时、在考核员工业绩时，企业文化应该一直都是关键因素。诚如 IBM（国际商业机器公司）的理念，不管你是绿色的还是黄色的，来到我这里，都必须是蓝色的，必须打上企业的烙印，建立起一个优秀的团队。

具体而言，我认为关键在于把握以下三大要点。

1. 不能以发财为目标，要有某种程度的理想主义情怀

我在互联网行业里干了很多年，从来没有看到一个为了解决财务问题而凑到一起的团队最终能够走向成功的。相反，这样的团队一旦遭遇挫折，就容易悲观失望，或者一旦外面有更大的现实利益诱惑，团队就容易分崩离析。

我曾让 360 人力资源部门的同事帮我统计了一个名单，看看分别有哪些同事跟我合作了 5 年、8 年和 10 年以上。看到名单后我很感慨。如果那时我仅仅跟他们说"出来跟我干吧，发财后咱们大碗喝酒、大口吃肉、大秤分金"，估计他们不会跟我合作这么长时间。相反，我们的目标是要做出最牛的互联网

产品，让用户的互联网生活更方便、更安全，有了这个目标，大家才能持之以恒地走下去。

2. 财散人聚，用激励机制将大家的利益捆绑在一起

我从不希望我的员工单纯是奔着钱来的，如果这样，团队中便会充斥着大量的投机分子。但我一定会替员工考虑财务问题。理想主义者也要养家糊口，要过一种体面的、有尊严的生活。与此同时，创业是一件耗人健康、燃烧青春的事。对于这些愿意跟着企业打拼的人，不能仅将好处停留在口头上，而是要签协议，让这些愿意为企业燃烧青春的人能够分享未来的收益。否则，财聚人散，更别提未来了。

360 从一开始就做了员工持股计划，最初员工持股比例达到 40%，后经多轮稀释，在上市前降到了 22%，这个比例在当今的互联网公司中算是比较高的了。我觉得，用股权、期权制度可以把团队的利益和公司的利益捆绑在一起。唯有如此，理想主义才有生存的土壤，团队的思想工作才能顺利开展。

雷军说过，他在成立小米公司之初就非常明确一点：要找一群相当靠谱的人。于是他列了一个名单，打了近百通电话，组成了小米公司最初的合伙人班底。其实，人是决定创业成败

的关键因素，找人永远是天底下最难的事情。在雷军拨完这一长串电话的 4 年后，小米成为徐小平口中"人类历史上达到百亿美元销售和百亿美元估值的发展最快的公司"。

找合伙人一定要找最优秀的、最会学习的人，也就是乔布斯口中的 A 级人才。合伙人必须在问题发生时懂得问自己能做什么，而不是互相推诿。合伙人之间必须既能充分信任、彼此尊重，又拥有承担风险的能力；既能毫无后顾之忧地"欺负"他，又恨不得与他执子之手、合伙到老；你的合伙人甚至会比你的爱人更懂你，彼此之间不用太多交流，只需要一个动作或一个决定就能充分理解你的意图，一切尽在不言中。

在遇到不可多得的人才时，我一定会把他变成合伙人，将他的利益与公司利益绑定在一起。从员工转变为合伙人，这种转变更好地解决了投资者和员工之间的利益分享问题。这些股东拥有职业经理人和事业合伙人二合一的身份，既为股东打工也为自己打工，与公司的利益高度一致。

3. 解决新老交替问题，留一部分利益给未来

企业在成长过程中，走弯路、遭遇挫折都是难以避免的事情。遇到这种时候，难免曾经的同行者因为不认同未来的发展

方向，或者因为有更大的利益诱惑而离开。同样，企业发展的不同阶段也需要不同的人才，对不同专业技能的渴求程度也不一样，只有新人不断进来，企业才有未来。

我从未见过某个团队一成不变地走向成功。解决新老交替问题的最好方式，还是激励制度。360 每年都将总股本的 5% 用于为有突出贡献的员工发放期权。我常对投资人说，设计一个吸收人才的蓄水池，把新人的利益与企业的未来紧紧捆绑在一起，这样大家做事才会有积极性。这种积极性产生出来的价值，远远大于被稀释掉的价值，这就是我所说的"留一部分利益给未来"。

在 20 多年前，电脑还是一个高精尖的东西，离大众很远。如今手机普及了，大多数人没事的时候都在盯着手机。也正是在进入移动互联网时代后，互联网才真正改变了这个世界，改变了我们每个人思考、工作和生活的方式。世易时移，在新的时代，企业的架构和管理方式也应该随之改变。

我不知道这种改变最终会成为何种模样，因为从来没有其他人这么做过。但可以肯定的是，改变的方向一定是扁平化，一定是以产品和用户为核心，一定是小而美。

扁平化就是减少行政层级，把传统层层汇报的金字塔组织结构改为两层，最多三层。小而美就是把团队分解成无数小团队，按项目或业务分类等进行划分，人员灵活组合，项目启动快，能对市场和用户的需求做出快速反应。

现在很多互联网公司已经开始了此类尝试，阿里巴巴在不断分拆，分成了 20 多个事业部。腾讯把研发分为无数个项目组，通过不断竞争，实现了内部的推陈出新和自我颠覆。扁平化和小而美符合互联网时代技术更新快、产品需要小步快跑的需要。我最担忧和痛恨的是 360 还没有成为一家巨头却染上了大公司病，所以，我们迫切地需要这样一个个小团队来打破瓶颈。

需要注意的是，这些小团队还可以随时随项目而变动，谁提出一个好的产品创意，就可以在得到批准后组建自己的团队。我们新推出的很多创新型产品，就是由公司的一群年轻人在内部竞赛中提出的，我觉得非常好，就立即让他们去做。我也希望在 360 内部有更多的年轻人涌现出来，做产品经理，再从产品经理变成业务负责人，能够像一个小首席执行官一样对自己的产品和业务负责。

将来，360 的这些小团队可能不再进行严格的业务区分，每一个团队都可以做跨平台的产品，每一项业务并不是只有一个团队可以做，而是有能者居之。只要有更好的想法和产品，我们就全力支持，这样一来，便不再需要那种层层审批的大战略和宏伟的转型计划，可能一个小团队的产品直接就能从手机转移到耳机上，整个 360 便有可能直接进入可穿戴互联网的未来。

公司不是只靠一两个创始人就能玩转的。再聪明的人，带宽和经历也是有限的。好的决策者应该把公司当成自己的产品，在此基础上去创新和调整架构，加快信息的流动，提高决策的速度，在公司里培养出更多的小首席执行官，培养出更多的产品经理和业务负责人。

如何在这样的时代里为员工创造更好的土壤，让大家真的做到敢想敢创新，不被一些思维定式束缚；如何让员工学会更加贴近用户，研发出具有良好用户体验的产品，是创业者在设计组织架构时的首要考量。

对失败宽容以待

99%的创业都会以失败告终，因为创业是有点"二"的不走寻常之路，是在黑暗中找到火种、为未来开出一条新路的过程。失败几是定局，成功只是偶然。既然成功仅是小概率事件，我们自然应该对失败宽容一些，容忍失败，甚至崇拜失败。

然而，当今中国的主流价值观却是崇尚成功、鄙夷失败。谁最有钱，谁做的企业市值大，大家就崇拜谁，甚至不惜称其为"爸爸""老公"。成功的企业家经常被邀请到各种场合进行演讲，媒体也总是把荣誉和报道机会献给那些成功者。简单地说，我们现在判断企业，乃至判断一个人的标准还是成王败寇。每个人都愿意聆听成功者的声音，是因为害怕自己遭遇失败。我们对失败并不宽容。

有人问我："老周，你的偶像除了大家都知道的乔布斯，还有其他人吗？"我的答案是马克·安德森——网景公司（Netscape）的联合创始人之一。他现在是脸谱网的董事会成员，是马克·扎克伯格的幕后教练。1996年前后，马克·安德森创办了网景公司，这是全世界首家研发浏览器的公司，它让浏览器成为网络的入口，我认为这是世界互联网发展的第一步。

马克·安德森的身上，不仅充满了无畏的创新精神，还有面对巨头（微软）永不屈服的精神。网景与微软的竞争在当时被看成互联网行业最大的一场战争，尽管最后的结果是比尔·盖茨奋起反击，马克·安德森黯然出局。

虽然很多人都已经将这段历史遗忘，但马克·安德森仍是我心目中永远的英雄，没有他就没有后来的 Chrome 浏览器，也就不可能有今天我们基于这种浏览器创造的各种模式。毫不避讳地说，360 系列产品的研发技术，就建立在马克·安德森开源的技术之上。

有的企业成功地将竞争者踩到脚下，赢得万众瞩目，它们经得起鲜花、掌声和崇拜者狂热的目光；有的企业即使不成功，也曾经开发出伟大的技术和产品，创造或改变了历史和我们的生活，它们同样应该被尊重、被继承。其实，这就是为成功者喝彩、对失败者宽容的价值观。我在创业的路上也同样经历过多次失败，从一次次失败中我学到了很多东西，所以我理解失败，对失败者也较为宽容。

2006年3月，我从雅虎中国离职，出任360的董事长。4个月后，我带领360推出了只有一个功能（查杀一切流氓软件）的"简陋软件"——360安全卫士。这种做法带有明显的激进色彩，虽然得到了广大用户的拥护和好评，却让我个人成了众矢之的，几乎招致整个行业的口诛笔伐。打开网页，便是铺天盖地的骂声。那时，我的心情低落到了极点，甚至觉得自己可能过不了这一关了。当然，最终我还是挺了过来。

每个成功者的背后，都蕴含着无数的艰辛和失败。我常说，创业是件九死一生的事，"一将功成万骨枯"，产品创新同样如此。经历这次事件之后，我对失败有了更为深刻的认识。

232

每个无畏探索的人在刚刚开始创新时，通常得到的并不是鲜花和掌声，更多的是不理解，是被当成异类、少数派，甚至是怪物；往往在其获得世俗的成功后，大家才恍然大悟，原来他才是创新的英雄。马云便是一个比较典型的例子。

马云是我相当尊敬的一位企业家，是中国电子商务的先驱者和领军人。但是在他刚开始做电子商务的时候，大多数人并不理解他，其中也包括我。由于不理解，我甚至错失了一次与马云合作的机会，现在想来还颇为懊悔。

2003 年，我和马云有过一次较为深入的交流，马云表示出与我合作的强烈兴趣，我也应邀去杭州进行了一番考察。然而，我发现自己对马云正在做的事情一窍不通，合作只能不了了之。

转眼 14 个寒暑，今天的电子商务已经成为普通百姓日常生活中不可或缺的有机组成。当我们坐在家中足不出户就可以买到所需之物时，请不要忘记，当初马云和他的阿里巴巴是如何在大多数人的不认同、不理解中坚持下来，摇摇晃晃走到了今天。

　　互联网永远属于年青一代，所以我希望中国的年青一代能够有勇气追求自我，进行看起来有点"二"的尝试，敢于面对自己的失败并能屡败屡战，而不是一窝蜂地追求安逸，将失败看成耻辱。如果中国这样的人越来越多，相信终有一天会有越来越多的中国"乔布斯"涌现。

调整心态，重新站立

创业的道路上，没有人会永远一帆风顺，很多人都曾栽过跟头。成功者和失败者最大的区别在于，成功者不会因为一时的失意一蹶不振，而是会从失败中吸取经验和教训，选择另一条道路重新开始。

常言道，失败乃成功之母。这句话在《汉语成语大词典》中的释义为："善于从失败中吸取经验教训，才能成功。"我对这句话的理解是：失败就是失败，只有在失败中不断学习、反思，不断完善并付诸行动，重新扬帆起航，失败才能成为成功之母。犯错误不可怕，可怕的是就此一蹶不振。正因为有失败，所以才有总结，才能不断去改善。

没有谁不会犯错，但不要被错误打倒，内心强大才有勇气面对自己的错误，并在错误中找到正确的方向。因此，我非常崇尚公司自上而下地建立一种批评与自我批评的文化，在发现错误和改正错误中实现与时俱进。

在公司内部，我比较反对做评论家。评论家总是站在云端，满口都是格局和产业问题，这种评论其实毫无意义。很多抽象的话听起来似乎很有道理，但只是正确的废话。别说初创企业，即使是一个成熟的大企业，当面临挑战或转型的时候，也要放弃概念上的论证和平台上的规划，放弃所谓大战略。比起这些，我更希望大家彼此之间能够分享曾经做过的一些错误决策。

同时，我也非常反对成功学和各种心灵鸡汤，这些故事往往都经过修饰和加工，只告诉你"贼吃肉"的故事，而将"贼挨打"的伤口深深藏起，唯一的结果是让不明真相的人顶礼膜拜。作为过来人，我认为应该将一些失败的东西分享给读者，让后来者更好地避开浅滩和暗礁。

在这个行业里，我算是最大的失败者，甚至做过一些很荒唐的事情，也做过很多错误的决策。虽然在很多事上失败过，但我摔倒了还会再爬起来。所以我觉得，你只有不怕失败，从失败中总结经验教训，才有可能真正地坚持做企业、坚持做产品。

成功没有太多可以借鉴的东西，真正能够总结的是一个人在成功的道路上曾经犯过多少错误。历史不能重复，错误说得再多也是为了复盘。奉劝大家两句话：第一句是"创业不要只盯对手，一定要盯住用户需求"；第二句是"无论做什么，一定要坚持，不要轻易放弃"。

另外，关于被收购我也有自己的看法。虽然我很遗憾3721①的惨淡结局，但并不后悔当时的决定。我觉得成功就是坚持做自己认为正确的事情。在今天的中国互联网行业，收购与被收购已经成为一大热潮，这并不是一件坏事。企业上市本身就是一个小概率事件，大部分企业都需要面对失败。并购反映了投资人对企业的认可，在反思之后，你可以完成自己的原始积累，再加上之前积攒的资源和经验，你就拥有了重新开始的资本，甚至可以将事业做得更大、更加成功。

在带领 360 往前冲的这几年，我曾遇到过很多困难时刻，

---

① 3721，指 3721"网络实名"，是由周鸿祎创立的 3721 公司提供的中文上网服务，用户无须记忆复杂的域名，直接在浏览器地址栏中输入中文名称，就能直达企业网站或找到企业、产品信息。现已停止运营。——编者注

也曾经历过很多失败。我承认有时候我会沮丧和失望，但我还是有些个人英雄主义情结的，我想改变一些东西，想让人们活得更好。况且，我不是一个人在战斗，我身后还有亿万360的忠实用户，他们信任360，希望360能够将互联网做得更安全；我背后还有充满激情和梦想的360团队，他们和我一样希望改变这个世界。因此，我会调整心态，重新站立。

附录

极致产品实验室

在创业黑马极致产品实验室里，周鸿祎亲自教导学员如何打磨、完善产品，并对学员的产品进行诊断，给出改进建议。同时，周鸿祎还与学员就创业的实战问题进行过多次深入交流。他精辟的点评和独到的观点令大家受益匪浅，也对创业者颇有借鉴意义。

1

学员：周总，您平时的工作很忙，为什么还要办极致产品实验室？通过黑马的这个实验室您有怎样的收获？

老周：坦白地说，黑马的这个极致产品实验室给了我一定的压力。这个实验室本身也是一个实验，我想通过这些年我做产品的体验，给学员们一些产品研发方面的启发。如果能因此产生些现象级产品，我将十分欣慰。

令人兴奋的是，极致产品实验室给了我不少收获，简单总结为以下三点。

第一，黑马实验室最大的价值，是探索经验传承。

我一直认为，硅谷最厉害的不是投资，而是经验传承，包括谷歌的两个创始人，他们背后都有导师。你会发现，正因为有了创业者背后的创业者，才使创业者不仅能拿到投资，更重要的是，还能吸取一些经验。至少在创业者迷茫的时候，有人能够在旁边跟他交流，能够让你少摔一个跟头、少走一点弯路，这对一个创业者来说非常重要。

第二，让创业者学员给我当老师。

我对导师高高在上地给学员传授经验的模式比较厌倦，所谓的经验总结，就是翻来覆去那几句话。我觉得做产品挺容易的，就一句话——不忘初心，从用户角度出发。但如果老讲这句话，听的人和讲的人都会觉得很无聊。所以，我觉得应该尝试相互的研讨和相互的交流。

在黑马极致产品实验室的最后一次课上，我不再跟大家讲我的那些所谓的成功经验或者失败教训，我尝试了一个新的方法——我反过来向学员们学习，问了他们很多我困惑的问题，有关于产品经理的，也有关于发现人才的。

在那次讨论中，大家的很多想法让我受益匪浅，这让我很兴奋。我毕竟只是一个人，脑子里的东西有限，和学员们的平等交流能够让我获得很多全新的养料，这或许是实验室给我的最大收获。

第三，实验室要真实做产品。

坐而论道有个最大的问题——知易行难。我希望实验室的学员最好能够花点时间，真正参与到真实的产品里。要知道，看100场足球比赛并不能改变中国足球的未来。

2

学员：总听人说，周总您是 360 最大的客服，常常会亲自在微博、微信上为用户解决问题。请问您这么做的目的是什么？用户遇到棘手问题时，您是不是会用自己的超级权力去帮他们解决？

老周：我做客服的主要目的，是想把"用户至上，体验为王"真正贯彻为我们团队的文化，这也是互联网思维的基本点。

首先，做产品必须要亲身使用。

我一直主张，做产品一定要"自己的狗食自己吃"，即一定要亲自使用。如果你自己都不用，当然不可能体会到作为一个用户的感受，更不可能把产品做好。

其次，做产品要接地气，保持手感。

做产品最重要的是接地气，保持手感。你需要了解用户在想什么，因为目前我们的产品不完美，当前的游戏规则也不完美，而且我们还做不到举一反三。如果不知道用户在想什么，不知道用户会遇到什么问题，那我们根本就没法改善现有产品。

最后，重视用户反馈。

我要求各级管理者必须重视用户的反馈，无论是我们当年做安全产品的时候，还是现在各个团队做智能硬件产品。虽然有的用户的反馈很无聊，但是有很多反馈是一针见血、确实对产品改进有帮助的。

有很多用户在反馈的语言表述上可能很不清楚，甚至出现驴唇不对马嘴的情况，但是我们要分析原因，看看在我们和用户的沟通过程中到底出了什么问题，是游戏规则的问题，还是管理的问题。如果不从根本上解决问题，我们的问题会越来越多，直到解决不完。所以，对我做客服这件事，希望大家有一个正确的认识。

当然，很多管理者在处理我转来的投诉时也存在问题，总觉得这是老板说的，就无条件解决。这肯定不是我的本意，我是希望你去分析问题，通过这个问题举一反三，建立起一套完整且健全的游戏规则。在建立好游戏规则后，就能一劳永逸地把这类问题都解决掉。

3

学员：有一家从事农产品电商的公司，帮助销售陕北某地滞销的大枣，在 360 搜索上了一次头条，带来了不错的销量，您能否为它们的商业模式提个建议？

老周：我觉得你说的事情挺好，但它其实不叫商业模式。需要想明白的是，什么样的人会是你的消费者？如果单纯是帮助陕北农民销售大枣，那么购买者能否形成日常的购买习惯？他们能从购买过程中获得怎样的用户体验？从商业的角度而言，你要自己去想怎么靠自己的力量提升用户体验，进而赢得用户的认可。

做生鲜产品的都存在这个问题，如果你的产品品种不够多，客户就无法进行重复购买，就像苹果再好吃，也不能每个用户每天都只吃苹果。但品种多了又过于复杂，物流、仓储等各个环节都需要充分考虑到，另外还有中间损耗的问题。出发点其实只有一个，那就是如何让用户喜欢你、爱上你。

当然有一些特例是很多创业者很难效仿的，因为他背后有个励志的故事，像我们这些做企业的都很容易被其打动，比方说褚橙，但这恐怕不是一般创业者能够效仿的。

4

学员：现在人工智能的概念很火，到处都在谈人工智能及其工业化应用。我想问三个问题：人工智能是否会产生意识？人类会不会被机器人消灭？人类会不会大规模失业？

老周：在我看来，这些问题就像现在谈论火星上是否会与地球一样出现人口过剩的问题，时间稍微有点早。

我个人认为，如果你能够理性地理解人工智能，便可以将之分成两个类型：一类是弱人工智能，另一类则是强人工智能。以上人们对于人工智能的担心是指强人工智能，这是很久以后的事情，现在还是弱人工智能时代。而时下热炒的人工智能概念，本质上是弱智能，甚至是伪人工智能。

所谓弱人工智能，只不过赋予了机器一些智能化的东西，这些机器没有自主意识，也不可能实现真正的智能化。弱人工智能其实是一种专才，它有某一方面的能力，但无法将所有能力合在一起；而强人工智能则真正具有推理和解决问题的能力，拥有知觉和自我意识，是一种通才，在各方面都能和人类比肩。

所有这些都源于互联网的出现。人工智能其实并没有实现算法上的突破，取得突破的是大数据。没有大数据，人工智能就是空中楼阁。因此，在了解人工智能的技术本质后，我们就能知道很多事情它干不了。

人工智能被过分吹嘘就变成了泡沫。现在很多人对机器的担心可能是受好莱坞电影的影响。今天的人工智能，远未达到美剧《西部世界》里描写的那样能够像人一样去感知、理解这个社会。

弱人工智能可能会让部分工作消失，但与之相对的，人工智能的发展也可能会提供新的工作机会。即使是能力相对弱的群体，也可以通过国家层面的引导和再培训实现重新就业。整体而言，人工智能对于下一代人的影响可能没有那么大，他们会根据所处时代的需要去学习相应的能力。

我始终相信且无比期待，未来将会有越来越多与行业、产品深度结合的人工智能应用案例出现。与行业和产品相结合，这才是人工智能最踏实的做法。

5

学员：360 在里约奥运会时，为什么会选择郎平作为品牌代言人？

老周：我觉得，郎平身上完美地体现了一个好的产品经理的多项要素，或者说 360 需要的正是郎平这样的产品经理人。

首先是聚焦。

签约之前我查了一下郎平的经历，我脑海里有两个字促使我让同事尽快与她签约，那就是：聚焦。1973 年，郎平被选入北京工人体育馆体校排球班，从 13 岁开始一直到今天，40 多年的时间里只专心干一件事：打排球。从打排球，到赴美国学习体育管理，再到执教排球队，一辈子只干排球这一件事。

我一直强调做产品、做事情要聚焦，但回到现实中，有时候我也会违背自己推崇的这个原则。多元化是人性的冲动，但从做企业的经验来看，专注于自己的核心竞争力才会有不断提升、持续进步的基础。签约郎平，是因为我觉得这样专注、聚焦的明星教练打出的成绩一定不会太坏；然而，更可能的是，我潜意识里觉得郎平的聚焦、专注与我一直推崇的做产品、做事情的原则不谋而合。

其次，永不满足，永远学习。

还是中国女排队员时，郎平就已经非常优秀了，与美国名将海曼、古巴名将路易斯并称为 20 世纪 80 年代世界女排"三大主攻手"。仅凭这一项，她在体制内就能吃一辈子。但是她并不满足，她要学习，先到北京师范大学学习英语，再到美国新墨西哥大学学习现代体育管理。她干的不是低水平重复，这跟"我亦无他，唯手熟尔"的卖油翁绝对不是一回事。她是持续地在提升自己对战术的认识、对竞技体育的认识、对运动员的认识、对团队管理的认识，甚至是对自己的认识。

人都有惰性，都有利益算计，愿意待在自己熟悉的领域和心理的"舒适区"，这导致大多数人永远不会冒险去尝试，永远是低水平重复。但对有些人来说，仿佛天生就有逃离"舒适区"的基因，时刻准备进入"学习区"。这样的人成了政治家、元帅、艺术大师、发明家、冒险家、企业家、体育大师……

郎平每次带一支新队伍、每次冲击赛事、打每一场比赛，对她来说都是一次未知的挑战。如果力有不逮，如果跌出预期，那无异于是对她以往所积累的能力与信誉的一次打击。一个精于算计的人，早就见好就收了，但郎平时刻准备抛弃"舒适区"、进入"学习区"，愿意接受未知的挑战。

　　我们的国家，我们的企业，包括360，多么需要像郎平这样聚焦的、学习的、钻研的、思考的、坚韧的产品经理。如果一个国家的各个行业不能产生很多这样的人，国家就会死气沉沉；如果企业的各个部门不能产生这样的人，企业就会失败。大到一个国家，中到一个企业，小到一个小组，到处都需要郎平这样的人，因为只有这样的人才会成为优秀的领导者。一个团队，少到几个人，多到成千上万人，如果其领导者是平庸的，则团队根本不会有什么凝聚力，注定是一盘散沙，什么都做不成。

6

学员：创业初期，有投资人要投资，但是团队内部有分歧，有些人觉得该拿投资，有些人觉得不该拿，遇到这种情况该怎么办？初创企业最怕哪种投资人？

老周：有钱不拿是傻瓜，但要看投资人的想法是什么，要看投资人是否认同你们的理念，对你们的将来有没有建议和帮助。

创业初期，最怕那些不懂投资的真正理念、带着不切实际的期望进场的土豪。这种投资人不仅对你的未来没有帮助，而且还会带来不少压力。如果将来你的项目失败了，亏了钱，他们甚至恨不得想办法追讨你，要把钱拿回来。这个世界并不是非黑即白、非此即彼的，是否拿投资没有标准答案，重要的是看人。

另外，创业团队内部有分歧是再正常不过的事情，这就需要一个能做首席执行官的人。评判这种人的标准不是看他的语言表达能力如何，而是看他是否具备领导力，能否让每个人充分表达意见，并通过讨论形成一致观点，这一点非常重要！

7

学员： 投资人说我的项目商业模式不成熟，让我先雕琢商业模式，但也有些投资人建议我先做产品，我该怎么办？

老周： 这是一个好问题。一个完整的商业模式其实不仅是怎么挣钱，而是首先得有个产品，其次再谈商业模式。无论多么伟大的公司，都扎根于某个产品之上。根据你的产品，找到你的用户群，有了用户之后，你才能找到一个市场。在这个基础上，你才有可能找到挣钱的路径。

所以我建议，大家应该聚焦于你准备做什么样的产品或者服务？这种产品和服务能为什么样的人解决什么问题？能够给他们创造什么价值？这些问题想不清楚，相当于脱离了用户基础，创业无法长远。

此外，我特别怕听大词，如平台、生态等，特别是早期创业者。行业大佬可以拿这个忽悠人，创业者就不要谈这个了。

当你没有用户时哪来的平台？当你的产品没有足够多的人用，或者只有你和你同寝室的人用，又何谈平台？所以，我一直相信只要产品好，只要能赢得用户的欢迎，就一定能够有机会做出商业模式。

8

学员：我以前有两次创业经历，第一次项目刚启动没多久我就出国了，第二次在国外，但也是不久就离开了。现在我在做一个项目，帮创业者快速做产品，我把自己定义为孵化器，但不知道自己应该到什么阶段离开？

老周：这个问题很具体。我个人认为，做孵化器的人，自己还是应该有一两次创业成功的经验。否则，你凭什么教别的创业者？其他创业者凭什么将自己辛辛苦苦打磨出来的产品和公司放到你的手上？

你前两次创业都是半途而废，我建议你看到好的项目时果断地把自己投资进去，跟大家一起把事做大。如果每次创业都浅尝辄止，对你没有任何意义。有一幅漫画：有个人在地上挖了七八个坑，每个坑深浅不一，但是没有一个坑挖得特别深。最后，他得出了这个地方没有水的结论，但真实情况恰好相反。所以，我的建议还是找一个具体的方向深入地创业一次，这对你可能比较适合。

我学会了打造"极致产品"的三大法宝

上海西默通信技术有限公司创始人 黄基明

我们做的是智能家居解决方案，以智能锁为切入点，通过一个 App 把家里的锁、开关、窗帘、摄像头、空调、电视等作为一个系统控制起来。智能锁是一个高频使用的产品，但安装等一系列问题如何解决呢？

在黑马极致产品实验室的课堂上，我提出了这个问题。周鸿祎老师当即建议我以渠道为主，因为智能锁需要考虑后期的安装和售后服务等问题，并且要给渠道商高利润回报，他们才愿意推广产品。

通过在黑马实验室的学习，我还总结出了"打造极致产品"的三大法宝。

第一大法宝：选择高频爆品法则。我们做什么样的产品？我所选择的产品客户会不会高频次使用？对于客户来讲，这个产品是不是刚需？要想创业成功，就不能做客户伪需求的产品。

第二大法宝：打造爆品外观和 App。我们开发一个 App 或者设计新款产品外观的时候，会把三分之一的时间用在研究自己的产品上，三分之一的时间用于研究友商的产品上，最后三分之一的时间用于听取用户的意见和建议。

第三大法宝：把自己切换到"小白"模式。我们以前研发的大部分产品都是根据自己的想法来做的。在没有了解用户需求的情况下，研发出来的产品大多数是伪需求产品。所以，我们应该把旧有的观念清零，多做市场调查，多问非信息技术人员，他们是否需要我的产品，那些花哨的功能是不是他们的刚需。

我深深感谢周鸿祎老师的分享，通过与周鸿祎老师和同学们的交流、学习，改变了我之前的不成熟想法，未来的目标也更加清晰。

领悟极致产品执行的"道"与"术"

上海缔安科技股份有限公司创始人　袁初成

周鸿祎老师对产品的价值点定位非常精准，从产品的细节里常常能感受到执行的"极致"。

第一，道——产品基因和文化。

360 公司五条企业价值观中的第一条是"用户至上"，虽然在很多企业的文化宣传里都有这一条，但是周鸿祎老师对"用户至上"的解读、执行不只是业务销售或者客户服务过程中的用户至上，而更多地体现在产品的开发和设计上。只有真正用户视角的产品设计才算是"用户至上"的落地执行。

明白了这一点，才能理解 360 公司在产品开发中的换位思考原则和极致迭代的文化动因。我们在交流中，常常能感知到360 人克服"知易行难"这一规则的努力。

所以，做产品的公司需要明白，产品真正代表的是公司的核心竞争力。在企业的文化基因中，只有深深埋下"用户至上"的价值观，才能打造出用户视角的爆款产品。

第二，术——打磨产品的技巧。

周鸿祎老师讲述了打磨极致产品的 7 个基本原则，包括：

（1）产品要从普通用户（小白）的视角去测试、体验，不要从开发者的本位视角和开发逻辑去使用、体验。

（2）各种应用软件使得用户对提示没有耐心阅读。

（3）产品要切入到用户实际场景体会并应用。

（4）如果不能换位从用户维度思考，倾听用户声音，就会出现闭门造车、做出伪需求产品的情况。

（5）开发人员、产品经理只有保持客户联系度、泡论坛、处理用户投诉，才能从用户的抱怨中找到需求痛点。

（6）不要假设用户需求，不要假设用户"应该知道"，不要将功能隐藏太深，否则用户一两次找不到所需功能就会弃用产品。

（7）产品的设计灵感常常源于三类资源：产品经理的思考和发现、同类优秀产品的设计借鉴，以及和用户交流中的痛点发现。

　　产品从表象上来看是客观功能和性能的比较，而实际上考验的是对用户需求捕捉的敏锐度、对人性和文化习惯的理解层次，以及团队的技术执行能力。要打造极致产品，平时就要注重对团队的训练与挖掘。

坚持做顺应人性和真正有需求的产品

易企飞（北京）人力资源科技有限公司创始人　张朝磊

企飞是我在北京新成立的创业项目，一开始主要做人力资源领域的 SaaS（软件即服务）系统。由于对产品认知、需求及价值不太明确，一心求全，因此当时的产品覆盖了人事领域的入离调转、考勤打卡、员工福利、薪酬核算、社保缴纳、绩效激励、人事测评、企业招聘等十几个功能模块，SaaS 系统越做越复杂。然而，经过市场的检验，我发现产品并不是功能越多、产品覆盖面越广，拥有的用户就越多。

我曾经在企业内做过调查。当时我给人力资源部门呈现了十几个产品功能，然而他们并不能直观地感知到产品的价值所在，而且并不是每个客户都有使用需求。比如，我做过产品介绍和培训的一些企业朋友觉得我们的 SaaS 产品不错，功能齐全，但与他们使用的办公软件功能重叠，很多功能不能落地使用。

　　经过长时间的市场考察，我发现薪酬是企业需要解决的核心问题，也是最为刚性的需求。对于外资企业来讲，薪酬的复杂性在于以家庭为单位计算税收；而对于国内企业来讲，薪酬的复杂性在于企业内部的薪酬、考勤规则的多样性。

　　在找到这一刚需后，我们以最快的速度调整产品路线，把资源、人力都集中到薪酬这个核心点上。此后，以前使用协同办公、OA（办公自动化）的企业开始注册使用我们的产品，评价也非常好。

　　通过创业黑马极致产品实验室的课程以及与周鸿祎老师的深度交流，我深刻理解到一款合格的产品考验的是创始人对人性、需求和价值的总体认知。只有坚持做顺应人性的产品，坚持做真正有需求的产品，才能真正打开市场。

我获得了做产品的 5 点启发

浙江红钉科技有限公司创始人　陈绍建

周鸿祎老师给我的感觉是率真、睿智、能说会道、接地气、脑子灵光、不走寻常路。他看问题非常精准，记得有一次我们一起探讨共享单车的未来，他说共享单车马上会进入免费模式，甚至还要补贴钱给你骑。结果没过几天，ofo 和摩拜就相继推出免费骑行服务，或许这就是他的经验得来吧。

与周鸿祎老师在一起学习给我带来了如下启发。

第一，做产品要从"小白用户"角度考虑。作为开发人员，我对产品非常了解，在使用产品的时候再烦琐的操作流程都不算什么问题，但对于普通用户来说，他们可能会一头雾水，不知道如何使用。所以，我们在开发产品时要做到简单极致，不管是操作流程还是其他，只有这样，普通用户才会觉得好用，产品才有可能取得成功。

第二，做产品一定要认真专注。我有段时间经常上花椒直播体验产品，结果看到周鸿祎老师半夜一两点还在到处巡视。作为公司的大老板，他完全可以不用亲力亲为，让下属提交调查报告即可，但是他没有这么做。记得有一次在直播的时候，当他看到一个功能出现问题时，就立马打电话让开发人员处理，非常果断。

第三，做产品一定要积累经验。不管是做软件还是硬件，都需要长期积累，在这方面我有切身体会。现在我在做产品的时候都能在头脑中立刻生成画像，规格和尺寸基本一次成型。这是长期积累经验的结果。

第四，做产品一定要有方向感。周鸿祎老师说，方向感不是拍脑袋灵机一动就出来的，只有通过不断积累，才能有高度、判断力和方向感。所以，积累是创造的源头。

我自己做产品至今已有三年，当时切入的是手机红外遥控器行业，因为我感觉智能家居物联网即将兴起，所以我从比较小的手机红外遥控器——红钉入手，方向对了，但是早了点。如果早一些跟周鸿祎老师学习，或许可以避开一些开发过程中的弯路。

第五，做产品一定要满足时代的需要。以前，做产品是满足人们的基本生活需要，而现在做产品是要提升人们的生活品质。好的产品是具有时代性的，如果脱离时代背景，就不是一个好产品。所以，做产品一定要结合时代的需要。

"高频创造刚需"让我提升业绩

上海极豆科技有限公司 创始人 首席执行官　汪奕菲

周鸿祎老师的课让我受益匪浅。哪怕是资深项目管理者，听周老师的课，也定能得到启发。他"一秒变小白"的功力，让大家佩服不已。

很多事情只有发生了才会有体会，频次很重要。"高频创造刚需"，周老师在产品研发设计的过程中不断提醒我们。

周老师时常对自己过去的认知进行打磨和反思。谈到硬件免费模式，他表示自己之前的思路错了，免费增值模式走不通，只有提高毛利才能发展。

我的总结是：第一，硬件本身必须产生价值，互联网免费增值模式行不通；第二，核心产品必须高频，用户场景必须有价值；第三，互联网可以提高项目的效率，但硬件不能求快，而要求稳；第四，产品必须是用户刚需，伪需求的硬件产品没有未来。

极致产品实验室教我精准把握产品项目

安徽中视网络科技股份有限公司董事长　谢金堂

感谢创业黑马学院，很荣幸参加周鸿祎老师在黑马开设的极致产品实验室课程，我本人也是他的"粉丝"。

周鸿祎老师的课程没有空洞的概念，流程设计也很紧凑，以 360 公司先进的产品和业务为基础，对整个互联网产品市场进行详解，有着精密而庞大的数据支持，直观易懂。当然，这只是课程的冰山一角，周鸿祎老师在思维上极具前瞻性，对实际项目的执行和监控也有极高的要求。他会将先进的思想融入项目的分析中，让我对自己的产品和项目发展有更加清晰的判断。

我们正在做的是一种前卫的包含视频流与直播的服务，目前的业务链结构和布局有很多优化空间，单个产品也有较大的提升价值。以"网红"为例：

第一，强化线上、线下的复合模式。我会给我们的"网红"创造出更多的生存空间，贴近每个人以消除网络带来的距离感，比如城市特色、实地的各种互动等，算是一种同业竞争的弯道超车。

第二，让区域下沉。随着二、三线城市市场的迅速发展，通过双向打通用户壁的方法激活潜在城市用户群体，以提升接受度，打开新的流量市场。这就意味着"质"与"量"的同步提升。

第三，挖掘与培养年轻用户群体。年轻用户在消费水平上很难与中年人相比，但他们的消费取向和消费心态呈现出年轻化、活跃化的趋势，对产品内容的迭代和更新非常敏感；缺点是缺乏稳定性。因此，内容和速度是取胜的关键。

希望这么富有活力和价值的实验室课程继续开展下去，帮助更多创业者把产品做精、做专。

学习后，我砍掉了伪需求产品

惠装首席执行官　刘禹锡

非常有幸入选周鸿祎老师在创业黑马开设的极致产品实验室。通过学习，我最大的收获是有了产品观。产品观的中心思想是复杂变简单，像"小白"一样去思考产品，真正重视用户反馈，识别并砍掉低频的伪需求产品，单点突破，聚焦用户高频使用的产品。

回到企业，我也对自己的惠装 App 互联网装修项目的产品战略做了深刻的反思。上课前，我一直在研发智能家居的创新项目。学习过后，我砍掉了这个项目，原因是产品规划有伪需求，市场时机不够成熟。

通过在黑马极致产品实验室的学习，我发现了未来的方向和趋势，知道了如何识人用人，找到了治理公司的方法，带领公司实现了由量变到质变的飞跃。

要真正做到"从用户角度思考问题"

上海谷米实业有限公司 创始人　王长军

上完周鸿祎老师在黑马开设的极致产品实验室的课程，我对产品有了更深入的思考。周鸿祎老师有一种"一秒变小白"的能力，能够清空自己的思路，从新人的角度思考产品和服务。这对我的启发很大。

我们是做车联网位置服务的，因此一切要以用户体验为中心，打造用户相信和信赖的产品和服务，把汽车安全服务做好，让客户以最快的时间接受我们的服务，而不是一个一个地教育用户。

陈绍建　浙江红钉科技有限公司创始人

主营业务为智能硬件，产品有手机智能遥控器系列、手机配件，以及智能家居整体解决方案、智能箱柜等。在手机智能遥控器及智能硬件方面已经积累 30 多项专利，旗下有红钉品牌及红钉 App。

邓志腾　广州小朋网络科技有限公司创始人

公司成立于 2015 年，现有员工 160 人。

国内首个手机游戏特卖平台，从手游切入，逐步覆盖其他虚拟娱乐服务；希望通过把各种虚拟物品聚合运营，让用户花小钱当"土豪"，实现虚拟娱乐新的消费方式。

巩珊珊　易企飞（北京）人力资源科技有限公司联合创始人

公司成立于 2016 年，现有员工 50 人。

企飞向企业客户提供专业的薪酬福利技术产品与外包服

务，并通过"企飞云"与移动端进行在线交付，帮助企业优化薪酬福利流程与人力成本、降低用工风险、提升员工的职期体验，最终实现企业人力资本的价值最大化。

黄基明 上海西默通信技术有限公司创始人

公司成立于 2009 年，现有员工 300 人。

专注于智能 DNS（域名系统）的研发和销售，拥有自主知识产权的核心产品"西默内网安全管理系统"。2015 年年底推出的国内第一套千元以下智能家居安全套装，达到了智能家居的解决方案和性价比国内领先水平。

黄晓杰 北京暴风魔镜科技有限公司创始人

公司成立于 2015 年，现有员工 300 人。

全球第一家实现虚拟现实设备量产的公司。自 2014 年 9 月推出第一代产品至今，已在全球范围内拥有 350 万用户；2017 年 5 月，推出全球最轻虚拟现实头显，只有 230 克。

刘禹锡 惠装首席执行官

惠装成立于 2015 年 3 月，惠装 App 是中国领先的移动互联网装修平台，全国覆盖超过 50 城，为用户提供高性价比、高品质、真实口碑的装修服务。总部位于北京，核心技术团队来自腾讯，获得上亿元投资。

唐文斌　北京旷视科技有限公司联合创始人

旷视科技 Face++ 创办于 2011 年，业务围绕金融安全、城市大脑、手机智能三大核心行业，是中国最大人工智能产品公司。旷视科技 Face++ 以"赋能机器之眼，构建城市大脑"为愿景，坚持自研创新，追求产品极致，致力于持续实现产业赋能、产业升级。

王长军　上海谷米实业有限公司创始人

公司成立于 2012 年，现有员工 200 人。

全球领先的数字位置服务生产商，为汽车金融机构、汽车经销商、企业车队提供包含位置云服务、风控专项模型、高级数据分析、人工智能 / 认知计算等在内的各项数字内容服务。

王俊 安徽易众网络科技有限公司

公司成立于 2007 年，现有员工 110 人。

一家移动互联网信息技术企业，业务涉及移动互联网技术开发、电子商务、游戏产品支付服务等多个领域；主营业务"32 一卡通"是一个集数百种网络游戏充值、Q 币充值等功能于一体的电子商务网站。

汪奕菲 上海极豆科技有限公司 创始人 首席执行官

公司成立于 2014 年，现有员工 40 人。

旗下的"极豆车联网"主要为用户提供"软件＋硬件＋服务"的车联网解决方案，目前拥有智能车机、智能后视镜、智能车载配件等产品；2016 年 5 月获得青云创投、知卓资本5300 万元 A 轮融资。

徐海照 民生药业集团有限公司董事长

公司始建于 1911 年，原名洛阳民生制药厂，2011 年成立民生药业集团，现有员工 3600 人，年销售额 300 亿元。

河南省知名的综合性医药产业集团，产品涵盖中成药、生物医药、诊断试剂、饮品等领域，业务覆盖中药材种植、研

发、生产、医药流通、医院和零售连锁。目前拥有发明和实用
新型专利 150 余件。

谢金堂 安徽中视网络科技股份有限公司董事长

公司成立于 2012 年，现有员工 90 人。

一家致力于打造新媒体线上线下互动融合的高科技传媒公
司。拥有以泛娱乐直播平台研发与运营为一体的"中视秀场"
项目，以个人 IP（知识产权）、品牌 IP 孵化和运营为一体的
"中视网红商学院"项目，以新媒体为媒介展开的各垂直领域
的品牌价值营销的"中视传媒"项目。

目前是安徽省最具影响力和最具规模的直播平台研发、艺
人孵化和新媒体整合营销公司，也是花椒安徽城市频道代理商。

袁初成 上海缔安科技股份有限公司创始人

公司成立于 2007 年，现有员工 100 余人。

定位于云应用服务供应商（CASP），在国内最早提出混合云
服务模式，拥有自主专利的创新云联接 PaaS（平台即服务）平
台；核心业务包括云联接服务、云 PaaS 平台服务、SDN（软件
定义网络）服务、应用优化服务，大数据以及人工智能服务等。

张虔源　摩鱼科技（上海）有限公司创始人

公司成立于 2015 年，现有员工 50 人。

一家高新互联网公司，以首款智能洗衣机为核心产品，专注于探索、推进和发展智能家居行业，致力于为用户创造智能的家居生活体验；2015 年获得海佳集团投资。

张毅　北京外麦王科技有限公司创始人

公司成立于 2006 年，现有员工 200 人。

中国配送装备领域的领导企业，协助解决最后一公里配送难题；主要产品包括送餐保温箱、电加热比萨箱、商超配送箱、送餐电动车及车载架、冰带、头盔等各种配送装备；已经取得十余项国家专利。